# Les barbecues

Michel Marin

Construire, entretenir, utiliser

# Les barbecues

Éditions Rustica

Dépôt légal : février 1998
ISBN : 2-84038-184-2
N° d'éditeur : 48126

# Sommaire

# Avant-propos

Le feu de bois est, sans conteste, le tout premier mode de cuisson inventé par l'homme. Il existe bel et bien d'autres moyens de cuisiner, mais rien ne saurait remplacer la chaleureuse ambiance qui se manifeste autour du barbecue. Il suffit que le soleil pointe à l'horizon et nous offre les premières belles journées de printemps : c'est enfin l'occasion de fêter la fin de l'hiver, en famille ou entre  amis.

Le plaisir d'humer les fumets typiques des aliments cuits au feu de bois nécessite certains instruments de cuisson spécifiques qui doivent nous assurer une grande sécurité d'utilisation. Le feu fascine, c'est pourquoi il faut savoir le maîtriser. Mieux vaut s'équiper et le choix des appareils est vaste… en apparence. Choisir un barbecue mobile ou, au contraire, préférer en construire un en dur, qui deviendra un des éléments décoratifs de votre jardin, est encore une autre question. Ensuite, il faut apprendre à l'utiliser avec doigté, savoir choisir son combustible s'il fonctionne de façon traditionnelle (ici aussi, le gaz et l'électricité ont trouvé leur place), devenir le chef de cuisine, surveiller son foyer et respecter des règles strictes de sécurité pour que la fête le reste jusqu'au bout… en attendant la prochaine.

Une fois que vous aurez fait connaissance avec les modèles mobiles ou les procédés de construction et quand vous aurez pris conscience des problèmes de sécurité liés à l'utilisation du feu, nous pourrons passer à table.

SUPER BARBECUE
TEFAL

# Les barbecues mobiles

**Parmi tous les modes d'équipement, les barbecues qui ne sont pas rivés au sol ont leurs avantages et, bien sûr, leurs inconvénients. Ils ont su évoluer et se diversifier de façon à s'adapter à toutes les situations.**

Pour commencer, il serait intéressant de définir ce qu'est exactement un barbecue. Est-ce le mode de cuisson ? Est-ce l'appareil ? Pour la plupart des dictionnaires, les barbecues sont des « braseros ou appareils fonctionnant au charbon de bois pour faire des grillades en plein air. » C'est aussi la réunion familiale que l'on organise en plein air autour du dit « brasero » pour se régaler de grillades.

Les barbecues classiques bousculent déjà la définition académique concernant l'appareil car on peut faire son lit de braises avec du bois et pas forcément avec du charbon de bois. Mais il y a pire encore, car les barbecues mobiles modernes arrivent à se passer de ces combustibles solides : certains fonctionnent au gaz et d'autres à l'électricité.

Certains puristes des grillades y trouvent à redire, mais les faits sont là et ces appareils ont leurs avantages.

## L'ANATOMIE SIMPLIFIÉE D'UN BARBECUE MOBILE

Dans son principe, un barbecue mobile est un appareil simple comportant **un corps de chauffe** (à braises, à gaz ou électrique) sur lequel on pose **un gril** pour pouvoir cuire les aliments. L'appareil peut être équipé de grands **pieds**, avec ou sans **roues**, pour que le foyer soit à hauteur de travail (entre 80 et 90 cm du sol), ou n'avoir que **des petits piétements** pour prendre place sur un plan de travail.

Il est également possible de placer un **pare-vent** (qui comportera des échancrures à diverses hauteurs) pour mettre le gril plus ou moins haut au-dessus de la source de chaleur. Autre solution : faire des encoches spé-

**Des roues (pour faciliter les déplacements) sur un piétement évasé (pour la stabilité), une tablette pour le service et un pare-vent : ce sont les équipements de base d'un bon barbecue mobile.**

ciales pour accueillir **une broche ou un tournebroche**. Pour des raisons de commodité d'utilisation, **des tablettes**, destinées à recevoir les ingrédients nécessaires à la cuisson, sont parfois fixées sur les côtés du foyer, **des clayettes, des étagères** ou **des paniers** sont installés entre les pieds.

D'autres accessoires servent encore à agrémenter ces appareils (les fabricants ne sont pas à cours d'imagination). On trouve ainsi : **des volets de ventilation** réglables sur les modèles fonctionnant au bois ou au charbon de bois, **des couvercles mobiles** sur les modèles à gaz ou électriques pour transformer le barbecue en four.

## LES CRITÈRES DE CHOIX

Pourquoi choisir un barbecue mobile plutôt qu'un autre construit en dur ? La réponse est en partie contenue dans la question, car c'est effectivement leur mobilité qui les rend attrayants. Ils trouvent toujours leur place dans un jardin, même de petite taille. Ils peuvent être posés ici ou là en fonction des vents qui ne soufflent pas toujours dans la même direction. Ils se rangent facilement, à l'abri durant l'hiver, en période d'intempéries ou de non utilisation.

En contrepartie, leur mobilité peut être aussi une cause de mauvaise stabilité, surtout pour les petits modèles légers et relativement hauts sur pieds. Les accidents ont surtout pour origine l'inconscience ou la maladresse des utilisateurs qui vont dans certains cas jusqu'à braver les normes de sécurité imposées aux constructeurs.

Faire le choix d'un barbecue mobile (portable ou roulant) peut parfaitement s'expliquer lorsque l'on est propriétaire d'un grand terrain : on peut ne pas être bricoleur et rechigner à construire soi-même un barbecue en dur. Monter un modèle en kit ne présente pourtant aucune difficulté majeure, nous le verrons plus loin. Il existe même des modèles en dur conçus pour recevoir un barbecue portable qu'on laisse en place lors des moments d'utilisation et que l'on met à l'abri pendant l'hiver.

## Les barbecues à charbon de bois

Ce sont les modèles traditionnels et, comme tels, ils méritent la place d'honneur. Ils sont chaleureux et confèrent le mieux le parfum du bois aux aliments.

### LES BARBECUES ET LES NORMES

Pour pouvoir être mis sur le marché, chaque barbecue à charbon de bois ou à gaz doit être estampillé NF (Norme française) ou bien posséder l'agrément ministériel.
La norme NF D 37-101 impose et vérifie divers éléments de sécurité :

- la facilité de montage sans risque de blessure ;
- la facilité de mise en place et de manœuvre des accessoires de cuisson et des dispositifs de réglage ;
- le verrouillage des pièces pliantes ou articulées, comme les pare-vent (obligatoires) qui doivent être de préférence vissés, et les cuves des convertibles (elles basculent à 90 °C pour présenter un foyer horizontal ou vertical) qui doivent avoir un système de verrouillage fiable ;
- la stabilité des appareils pour éviter tout risque de basculement sur un terrain inégal ou en cas de choc ;
- la robustesse et la longévité ;
- la limitation de l'échauffement du sol pour éviter les risques d'incendie ;
- l'immobilisation des roues lors de l'utilisation ;
- les instructions d'utilisation portées sur les modes d'emploi de l'appareil.

Pour les modèles à charbon de bois, la marque NF vérifie aussi l'absence de chute de braises hors du foyer… dans des conditions normales d'utilisation évidemment.
Concernant les barbecues à gaz, l'étanchéité des conduits, la facilité et la sûreté du raccordement à la bouteille, l'allumage et la stabilité des flammes, la combustion qui ne doit pas produire d'oxyde de carbone, sont aussi des paramètres qui doivent être en conformité avec la norme de sécurité.
En plus de la garantie NF, les barbecues les plus performants portent l'estampille CE qui atteste leur bonne conformité aux normes européennes.

Leur réceptacle à braises doit être profond et de bonne qualité, soit en tôle spéciale pour résister au contact du feu, soit en fonte, émaillée de préférence.

Choisissez le gril qui les équipe en Inox ou en fonte émaillée, mais non en fer ordinaire. Cette remarque est aussi valable pour les autres modèles de barbecue.

Plus que tous les autres, ils doivent demeurer très stables et leur utilisation demande une surveillance sans faille pour éviter tout risque de brûlure ou d'incendie.

## Les barbecues à gaz

Pour la plupart, leur constitution et leur aspect extérieur diffère peu des barbecues traditionnels à charbon de bois. Si on veut détailler l'appareil, on remarque d'abord la présence d'une bouteille de GPL (butane ou propane), puis un petit tableau de bord où figurent les boutons de réglage des brûleurs. Certains modèles fonctionnent aussi avec de petites cartouches de gaz.

La principale différence est dans le foyer : plus de bois, plus de braises mais un lit de pierres de lave (ou pouzzolane) disposé sur une grille cachant un ou plusieurs brûleurs.

Les flammes produites par la combustion du gaz chauffent les pierres à très haute température et ce sont elles qui assurent la cuisson des aliments comme le feraient des braises incandescentes.

L'avantage principal du procédé est qu'il libère des corvées de bois et surtout d'allu-

### LE CHOIX DE LA TAILLE

Hormis les fonctions et les commodités qui agrémentent les barbecues, l'essentiel est certainement de choisir un modèle en fonction de l'importance des cuissons qu'il devra assurer. Si vous ne faites des grillades qu'en tête-à-tête, un petit appareil avec gril de 25 x 40 ou 45 cm est amplement suffisant. Si au contraire, vous invitez souvent des amis, n'hésitez pas à prendre un grand modèle, car il n'y a rien de plus déplaisant que de trop étaler les cuissons : les premiers servis mangent froid, alors que d'autres attendent encore leur grillade.

Modèle rectangulaire ou rond ? À surface égale de cuisson, les premiers sont moins encombrants, mais la répartition de la chaleur est plus uniforme dans les ronds.

Alimenté par une petite cartouche, le barbecue à gaz peut être pliable et transportable comme une valise. Mais ne l'utilisez pas en forêt.

Ce modèle plié tient peu de place. Il peut être facilement rangé ou transporté.

mage. Comme sur une plaque de cuisson de cuisine, les brûleurs sont allumés par un système piézo-électrique : un bouton à maintenir enfoncé pendant une ou deux secondes et l'appareil est en marche.

Le lit de pierres de lave est réutilisable de nombreuses fois et ne demande à être changé que lorsque les blocs commencent à s'effriter. Ce matériau est vendu séparément. Un avantage majeur est celui d'une meilleure sécurité d'utilisation : il n'y a pas de production d'escarbilles ni de flammèches et, d'autre part, les pierres sont brûlantes mais pas incandescentes. Ainsi, dans le cas d'un renversement accidentel, les pierres risquent moins de mettre le feu aux herbes sèches.

Quant à l'extinction, elle est immédiate et elle ne vous impose pas de surveiller les braises sournoises.

Certains modèles sont simplement équipés d'un pare-vent, mais d'autres poussent le raffinement plus loin et sont dotés d'un couvercle en forme de dôme, relevable ou coulissant, qui permet de transformer l'appareil en four de campagne, équipé de sa broche.

**Avec une bouteille de gaz de 13 kg au pied, ce genre de barbecue gagne en autonomie… et en stabilité.**

**Les barbecues à gaz peuvent être équipés de dômes qui, fermés, les transforment en fours mobiles.**

Le couvercle ou le dôme ont aussi leur utilité pour assurer un autonettoyage du barbecue et de tout son contenu : il suffit de le fermer et de faire fonctionner les brûleurs pendant le temps nécessaire pour que les graisses soient brûlées comme dans un four de cuisine à pyrolyse. D'autres modèles de barbecue à gaz rompent avec la forme traditionnelle et n'utilisent pas de pierres de lave. Ils comportent une ou deux rampes placées sous une plaque de fonte nervurée. La cuisson se fait alors par contact et non par la radiation de la chaleur. Nous sommes là à la limite de ce que peut être un barbecue.

Le seul reproche que l'on peut faire aux barbecues à gaz est de ne pas offrir le fumet incomparable du barbecue traditionnel au charbon de bois. On peut pallier ce léger manque en laissant se consumer quelques herbes aromatiques sur le gril.

## Les barbecues électriques

Ce sont les barbecues utilisables en toute saison, à l'intérieur comme à l'extérieur. La chaleur est produite par une ou des résistances électriques surmontées d'une grille (la cuisson se fait alors par radiation de la chaleur) ou incluses dans une plaque de fonte nervurée (la cuisson se fait par contact).

Le peu d'encombrement des résistances permet de réaliser des appareils extra-plats qui peuvent alors prendre place sur une table de salon. Comme il n'y a pas de combustion, donc pas d'émanation de gaz, ces appareils peuvent, en effet, être utilisés à l'intérieur, dans des pièces closes. Les autres caractéristiques se rapprochent en revanche des fonctions des barbecues à gaz : fonction four et autonettoyage par exemple.

**Léger, un barbecue électrique trouve sa place partout... dans les limites imposées par son câble d'alimentation.**

### QUI A INVENTÉ LE BARBECUE ?

Beaucoup de monde revendique l'invention du barbecue.
Il suffit d'être un peu modeste et de rendre à l'homme préhistorique ce qui lui appartient : c'est lui qui a « inventé » le feu pour se chauffer, se protéger des fauves (paraît-il) et surtout pour cuire ses grillades.
Les racines du mot « barbecue » sont plus floues. Certains voudraient que ce soit une appellation française issue, après maintes contorsions, du mot « barbis » signifiant brebis. Pourtant ce sont les Anglais qui l'ont d'abord officiellement inscrit à leur vocabulaire à la fin du XVIIe siècle (il faut d'ailleurs prononcer « barbe-kiou » et non pas « barbe-ku »). Pourtant, ce ne sont pas eux non plus qui ont inventé ce mot : ils l'avaient en fait emprunté aux Espagnols qui avaient apprécié au Mexique les cuissons au « barbacoa », une façon alors courante de fumer et de cuisiner la viande. Mais là où tout se complique, c'est que les Mexicains eux-mêmes avaient pris ce mot aux Haïtiens pour lesquels la viande était de la « barbaque ». Une autre origine est possible. Elle viendrait de Roumanie où la viande de mouton (et de brebis) est appelée « barbec »...

Un barbecue en kit monté à sec pour présentation. Seuls du mortier et quelques outils sont nécessaires au montage.

# Outils et matériaux

**Pour construire un barbecue en dur, il faut vous munir de divers outils. La panoplie nécessaire dépend de l'importance de votre réalisation. Réduite à presque rien si vous montez un kit, sauf si vous devez effectuer des fondations, elle vous obligera à vous équiper un peu, en revanche, si vous le fabriquez de façon traditionnelle.**

Si vous désirez personnaliser votre réalisation, la construire par exemple d'après des plans fournis ou que vous allez élaborer, vous mettrez en œuvre divers matériaux qu'il vous faudra assembler et parfois couper. Pour cette option, tout dépendra encore de vos idées de grandeur. Si votre barbecue doit être couvert par un auvent ou une toiture, il vous faudra aussi des outils pour travailler le bois.

Côté matériaux, la plupart sont d'usage courant pour les constructions maçonnées, mais quelques autres sont spécifiques pour résister au contact du feu.

## LES OUTILS

Les instruments de mesure et de contrôle de niveau sont nécessaires dans tous les cas. Tous les outils normalement présents dans la caisse à outils de tout bon bricoleur (marteau, scie, etc.) auront, de près ou de loin, leur utilité ici.

■ **Pour construire un barbecue en kit, il vous faut :**

◆ **une auge** de dimensions moyennes pour préparer le mortier d'assemblage entre les divers éléments ;

◆ **des truelles** (à briqueter, lisseuse et langue-de-chat) et **un fer à joints** ;

◆ du matériel de traçage, de mesure et de vérification, soit un équipement comprenant : **un niveau** à bulle, **une règle de maçon** de 2 m, **un cordeau à bleu** (pour les marquages au sol) et **un fil à plomb** de maçon ;

◆ **deux escabeaux solides** sont nécessaires

pour placer les éléments de la partie haute sans contorsion, donc avec un risque réduit.

■ **Pour construire un barbecue sans toiture, de façon traditionnelle, il vous faut, en plus des outils précédents :**

◆ **une bétonnière** ou, à défaut, **un bac à mortier ou bac de gâchage** pour préparer, rapidement et à moindre fatigue, le mortier, le béton et autres mélanges de matériaux ;

◆ **une brouette** pour évacuer la terre issue du terrassement (s'il y a nécessité de couler une semelle), pour transporter les matériaux, le béton ou le mortier ;

◆ **des pelles et une bêche ;**

◆ **des serre-joints de maçon et des chevillettes ;**

◆ **une règle à dresser,** pour « tirer » les surfaces en mortier ou en béton fin (chape, enduits muraux...) ;

◆ **un ciseau de maçon, une massette** et **un maillet en caoutchouc ;**

◆ **des scies** (selon la nature des matériaux utilisés) : une égoïne ordinaire ou une scie circulaire électroportative, une scie sauteuse, une scie égoïne spéciale pour couper le béton cellulaire, et une scie à métaux ou une scie sauteuse équipée d'une lame pour métaux ferreux;

◆ **deux seaux en plastique** et **une brosse en chiendent ;**

◆ **une meuleuse** équipée de disques à tronçonner la pierre et/ou les métaux, ainsi que de disques à surfacer (à utiliser impérativement avec des lunettes de protection) ;

◆ **une dame** pour compacter le sol et tasser les lits de pierres si vous faites une semelle.

■ **Pour construire un barbecue de façon traditionnelle avec toiture, il vous faut aussi :**

◆ **les outils de base pour le travail du bois de charpente :** les scies déjà citées, marteau, arrache-clou, ciseaux à bois, clous, tire-fond, chevilles en bois, pattes à scellement, etc. ;

◆ **une perceuse à vitesse variable et à percussion, un marteau-perforateur électro-pneumatique** (si possible), **un vilebrequin** et **les mèches adaptées** pour chaque matériau.

**Et quelques accessoires :** pensez à toujours avoir sous la main une craie ou un crayon gras pour les divers marquages, des planches pour les coffrages, des cales en bois, des coins en chêne, des tasseaux solides ou des planchettes pour confectionner des étais... Vous pourrez aussi avoir besoin de chandelles (étais réglables en hauteur) pour soutenir le coffrage d'un linteau. Si vous réalisez vous-même les accessoires tels que le cendrier, les grilles pour le foyer, un **poste à souder** (autogène ou à arc) est indispensable.

# LES MATÉRIAUX

Divers matériaux peuvent être utilisés pour édifier la structure du barbecue. Leur assemblage nécessite des liants, les mortiers (que les maçons appellent couramment « la colle ») : ils servent à accrocher solidement ensemble les matériaux mis en œuvre.

Si la construction est faite avec des pierres ou des briques, ces matériaux nobles doivent rester apparents. Si vous utilisez des parpaings, un enduit de finition sera nécessaire pour leur donner un bel aspect.

## La pierre

Pour ce genre de construction, il faut faire la différence entre les pierres qui pourront servir à la construction du bâtiment et celles que l'on peut utiliser pour construire la sole et la voûte du four.

Utilisez les pierres de construction traditionnelles du lieu ou de la région, surtout si le barbecue est construit à proximité d'une maison ancienne, elle-même en pierre de pays. Un des moyens d'approvisionnement est de récupérer (avec l'accord du propriétaire) des pierres provenant de bâtisses en ruines.

**Des blocs de polystyrène expansé sont utiles pour réserver des creux dans une dalle en béton.**

**■ La pierre de construction se présente sous différents aspects :**

◆ naturelle, elle est de forme et dimensions diverses et donne des constructions d'aspect rustique ;

◆ taillée, elle est calibrée et se pose alors comme des parpaings à joints croisés ;

◆ en dalles épaisses, elle pourra être, ici, posée au sol sous et devant le barbecue, constituer une tablette intermédiaire ou former une desserte placée sur le côté du foyer ;

◆ en dalles minces sciées, elle peut être collée sur la face extérieure des murets édifiés en parpaings.

**Mortiers recommandés pour la pose :**

◆ 50 kg de ciment gris pour 110 litres de sable (450 kg de ciment pour 1 $m^3$ de sable), gâché assez sec ;

◆ mortier-colle spécial pour la pose en applique de dalles minces.

## FAIRE DU MORTIER

Une différence est à établir selon que l'on prépare le mortier (mélange de ciment pur avec d'autres ingrédients comme le sable) dans un bétonnière ou manuellement.

■ **Le gâchage à la main**

**1.** Déposez et étalez le sable dans le bac de gâchage.

**2.** Versez dessus la quantité voulue de ciment et les autres composants (gravillons, pouzzolane, argile expansée, etc.) et additifs (colorants, antigel, hydrofuge).

**3.** Travaillez le tout à la pelle jusqu'à obtenir un mélange homogène.

**4.** Faites un cratère et versez l'eau au milieu.

**5.** Éboulez les parois du cratère dans l'eau et travaillez le tout à la pelle en tournant autour du tas de mortier.

**6.** Retournez le tas plusieurs fois en le cisaillant avec le tranchant de la pelle jusqu'à obtenir une pâte homogène.

■ **Dans une bétonnière**

**1.** Mettez en marche et laissez la cuve prendre sa vitesse de rotation normale.

**2.** Remplissez avec la quantité de sable nécessaire et, si besoin, ajoutez des gravillons ou autres composants, puis le ciment. L'inclinaison de la cuve doit être telle que rien ne reste dans le fond ni ne tombe par l'ouverture : attention aux excès de remplissage.

**3.** Ajoutez l'eau quand le mélange est homogène. Il faut verser la quantité nécessaire et en rajouter s'il le faut, car un moindre excès donne un mortier trop fluide. Il faut alors mettre en plus du sable et du ciment pour l'assécher vu qu'il est impossible de retirer l'eau.

En 2 ou 3 minutes, le mortier est prêt à l'emploi.

■ **Le béton isolant,** qui peut être nécessaire pour couler une dalle isolante sous la sole du foyer, doit être fait de préférence dans une

## Les briques

Autrefois, on construisait avec les matériaux que l'on pouvait trouver à proximité. Là où il n'y avait pas de pierres mais de l'argile, la brique s'est imposée d'abord comme matériau de substitution avant d'acquérir au fil des siècles ses lettres de noblesse.

Elle existe aujourd'hui sous diverses formes et divers aspects, parfois si riches qu'elle peut et doit rester apparente sans qu'il soit nécessaire de jouer avec les différents modes d'appareillage (c'est-à-dire leur disposition d'assemblage) et les joints pour obtenir un effet décoratif.

Pour construire un barbecue vous pouvez utiliser :

■ **Des briques pleines ordinaires** (dimensions : 5,4 x 10,5 x 22 cm), à laisser apparentes ou à recouvrir d'un parement.

■ **Des briques de parement** existant dans de nombreux coloris naturels ou flammés selon les argiles utilisées et les méthodes de cuisson. On les trouve dans les dimensions

## FAIRE DU MORTIER (SUITE)

bétonnière pour obtenir une excellente homogénéité. Il se fait dans cet ordre et dans ces proportions.

**1.** Mettez la bétonnière en marche.

**2.** Versez 12,5 litres d'eau dans la cuve.

**3.** Ajoutez 12,5 kg de ciment CPJ 45 ou, mieux, de ciment réfractaire, et laissez tourner pour obtenir une barbotine homogène.

**4.** Ajoutez 50 litres (un demi-sac) de Vermiculite spéciale (Éfibéton).

**5.** Laissez tourner pendant 2 ou 3 minutes : le béton est prêt lorsque des bulles d'air apparaissent en surface.

**Attention !** Il faut compter, en moyenne, un retrait en volume de 25 % : 50 litres de Vermiculite + le ciment et l'eau ne donnent que 37,5 litres de béton.

Pour réaliser une dalle de 50 x 50 cm en 5 cm d'épaisseur, soit 12,5 l de béton, divisez par trois les quantités indiquées précédemment.

■ Pour le vidage, amenez une brouette ou une grande auge sous la cuve en mouvement. Laissez-la tourner et basculez-la petit à petit pour amener son ouverture vers le bas jusqu'à ce qu'elle se déverse dans le récipient de transport. Ramenez-la en position de brassage et laissez-la tourner.

■ Ne gâchez pas de mortier à prise rapide dans une bétonnière (celui-ci se prépare à la demande en petites quantités), et ne laissez jamais de mortier en attente dans une cuve de bétonnière arrêtée. S'il commence sa prise, il sera difficile à déloger.

■ Dès que la cuve a été vidée de son contenu, refaites une charge s'il le faut, ou nettoyez-la : laissez-la tourner avec une ou deux pelletées de gravillons et de l'eau. Nettoyez aussi les bavures sur le bord de l'ouverture.

Les divers matériaux à coller permettent de décorer et personnaliser une construction en matériaux bruts.

Le lissage des joints est à faire après la pose de briques de parement ou de matériaux apparents liés au mortier.

courantes (idem ci-dessus), sous le nom de mulot (5,4 x 5,4 x 22 cm) mais aussi sous diverses formes « fantaisies », dont des quarts-de-rond et nez de marche à bord arrondi qui peuvent ici servir à border le plan de cuisson et/ou la desserte du barbecue.

Les briques apparentes et les mulots existent aussi en version perforée. Cette particularité permet un gain de poids appréciable si la charge admissible au sol (sur une terrasse en avancée par exemple) est réduite. Mais elle a aussi deux autres avantages :

◆ en insérant ces éléments sur chant dans la construction des murets entourant le plan de cuisson, on crée des amenées d'air frais au foyer tout en coupant le souffle parfois trop intense du vent ;

◆ en les plaçant de la même façon que précédemment, ou simplement sur la face interne des murets, on peut glisser, sans les sceller, deux fers ronds dans les ouvertures à la hauteur voulue au-dessus du foyer. Des fers sur lesquels on posera ensuite le gril.

**NE SCELLEZ QUE DES MATÉRIAUX PROPRES**

Que ce soient des pierres brutes, des briques ou des parpaings, ces matériaux doivent être débarrassés de toute trace de terre ou de mousse afin que le mortier de scellement s'y accroche bien. Au besoin, décrassez-les au nettoyeur haute pression et laissez-les se ressuyer avant de les poser.

■ **Des briques ou des mulots réfractaires.** De dimensions identiques à celles des briques et mulots ordinaires, ils servent, eux, à réaliser la sole de la table de cuisson sur laquelle sera fait le feu. Leurs qualités mécaniques sont moindres que celles des briques ordinaires. Ces éléments doivent donc venir en doublage ou posés sur une surface solide.

**Mortiers recommandés pour la pose :**

◆ 50 kg de ciment pour 100 à 125 litres de sable (400 à 450 kg de ciment pour 1 m$^3$ de sable) pour la pose des briques ordinaires ou de parement;

◆ mortier et béton réfractaire « prêts à gâcher » pour la construction de la sole.

## Les parpaings

Ces éléments en béton permettent de monter très vite murs et murets, mais doivent ensuite être enduits et crépis, ou recevoir un parement collé (briquettes, pierres plates naturelles ou reconstituées, carrelage, etc.). Les parpaings pleins, très lourds, sont peu utilisés. Les parpaings creux se présentent sous forme de blocs de béton cloisonnés ouverts sur le dessous.

Les dimensions courantes sont 20 cm en hauteur, 50 cm en longueur et 5, 10, 15, 20 ou 25 cm en épaisseur. Selon la disposition de leurs cloisons intérieures et la finition de leur face en bout, les parpaings sont faits pour être placés en plein ouvrage, en extrémité, ou offrent la possibilité d'être coupés en 2, 3 ou 4 parties.

**Les parpaings se révèlent économiques, «montent» vite, mais doivent recevoir ensuite un parement collé ou un crépi.**

La pose du premier rang se fait obligatoirement sur une semelle en béton, la face perforée placée vers le bas et reposant sur le lit de mortier. Les autres rangs sont ensuite montés de la même façon en croisant les joints.

**Mortier recommandé pour la pose :**

◆ 50 kg de ciment pour 140 litres de sable (350 kg de ciment pour 1 $m^3$ de sable), gâché assez sec pour ne pas s'affaisser sous le poids des parpaings lors de la pose.

## Le béton cellulaire

Ce matériau allie la résistance à la légèreté (400 à 500 kg au $m^3$, soit environ 4 fois moins que le béton normal) et peut se couper à la demande avec une scie égoïne à denture au carbure de tungstène. Son aspect ressemble à celui d'une pierre calcaire taillée.

Il est disponible sous forme de blocs pleins semblables à des parpaings, ou de carreaux ressemblant à ceux en plâtre. Incombustible, il présente une très bonne résistance au feu et est naturellement isolant.

Les règlements en vigueur interdisent cependant son utilisation en contact direct avec les flammes et les fumées. Il peut être utilisé ici pour le montage de la structure du barbecue ou pour réaliser des cloisons

**Les barbecues en kit comportent souvent un avaloir coiffant le foyer : un élément généralement difficile à trouver (sinon sur commande) lorsqu'on réalise une construction personnelle.**

pare-feu si vous le construisez à l'intérieur.

**Mortier recommandé pour la pose :**

◆ uniquement le mortier-colle spécial constitué en partie par des grains de béton cellulaire.

## Les plaques de béton armé

Il s'agit des plaques utilisées pour réaliser des clôtures. Une seule plaque de dimensions courantes (97 cm ou 1,95 m x 50 cm), coupée avec une tronçonneuse à disque, peut fournir des plateaux intermédiaires ou le support du foyer, et même former un avaloir.

**Mortier recommandé pour la pose :**

◆ le même que celui utilisé pour les parpaings, soit 50 kg de ciment pour 140 litres de sable gâché assez sec.

## La laine de roche

Ne la confondez pas avec la laine de verre. Seule celle pouvant supporter les hautes températures, présentée sans doublage pare-vapeur en papier mais nue ou doublée d'aluminium, est à retenir, associée au béton cellulaire, pour la réalisation de cloisons pare-feu pour barbecue intérieur.

## La Vermiculite

Ce produit, composé de mica expansé, est isolant et absolument incombustible. Il sert ici à la fabrication de la dalle isolante placée sous le foyer. Pour la fabrication du béton, la Vermiculite ordinaire (Vermex M) ne convient pas. Utilisez celle référencée Éfibéton spécialement traitée pour s'incorporer facilement à l'eau et au ciment.

## Les boisseaux ou les conduits

Les premiers, en terre cuite ou en béton de pouzzolane, présentant une section intérieure de 20 x 20 cm ou 20 x 40 cm, seront nécessaires si vous construisez un barbecue accolé à un mur. Pour un barbecue intérieur de grandes dimensions devant être raccordé à un conduit de fumée, les tubages en acier Inox de 155 ou 160 mm de diamètre (selon la taille de la buse de raccordement) pourront aussi être utilisés.

Selon le modèle construit, un ou deux boisseaux en 20 x 40 cm suffisent pour canaliser la fumée.

Dans tous les cas, il faut ajouter un couronnement, soit en béton préfabriqué aux dimensions des boisseaux, soit tout simplement une plaque de tôle.

## L'avaloir

Cet élément est compris ou intégré dans les barbecues préfabriqués. Pour une construction traditionnelle, vous en trouverez en béton réfractaire chez les marchands de matériaux pour le bâtiment (généralement sur commande).

Un modèle avec sortie haute en 20 x 40 cm, de section 40 x 70 cm à sa base, convient très bien pour coiffer le foyer.

**La richesse des formes et des aspects des briques permet de réaliser des structures très diverses.**

## Le volet obturateur

C'est un cadre métallique avec volet mobile à placer à la base du conduit de fumée. Il permet de régler le tirage et de fermer le conduit. Il est indispensable pour tout barbecue intérieur raccordé à un conduit de fumée. Ce volet peut être inclus dans une buse à laquelle on raccorde un conduit métallique.

## Les bois de charpente

Si vous désirez réaliser une toiture ou un auvent pour couvrir votre barbecue, pensez que des planches, madriers, chevrons, demi-chevrons et liteaux vous seront nécessaires.

## Les matériaux de couverture

Tuiles régionales, ardoises, bardeaux bitumineux (shingles), etc : le choix sera fait en fonction de vos goûts ou des impératifs de construction locaux.

## Tôles, cornières et Cie

Plusieurs éléments métalliques sont utiles, tels des fers à béton pour armer une dalle ou un linteau en briques. Ces mêmes fers, associés à des barreaux ou des fers plats, peuvent servir à confectionner une grille de foyer, mais attention : ils n'ont pas une parfaite résistance au feu et ne conviennent pas pour un usage intensif. De la tôle d'acier de 1 mm d'épaisseur et des cornières seront utilisées pour réaliser un tiroir-cendrier et ses glissières. Prévoyez la réalisation de soudures (poste à arc ou chalumeau).

## Les carrelages et revêtements de sol

Des carreaux en céramique (terre cuite ou grès) non gélifs peuvent venir en complément pour parer la surface des tablettes ou des tables accolées au barbecue.

Dalles, carreaux de grès non émaillé, pavés de grès ou autobloquants en béton, briques... seront également nécessaires pour parer le sol devant et autour du barbecue s'il est construit ailleurs que sur une terrasse déjà dallée.

Le parement extérieur d'un barbecue construit avec des parpaings peut aussi être réalisé avec des plaquettes imitant les briques ou les pierres. Celles-ci se posent avec un ciment-colle et sont ensuite jointoyées avec un mortier spécial pour ce genre de joints. **Attention !** Il ne faut utiliser que des plaquettes de qualité garantie pour une pose à l'extérieur.

## Les peintures et les crépis

À prévoir si la construction est réalisée en parpaings. Pour les murs extérieurs, cette peinture doit être spécifique à cet usage et former un film plastique souple, imperméable mais microporeux qui permet au mur de respirer.

Préférez les crépis plastique, beaucoup plus simples à travailler que le mortier projeté à la tyrolienne. Ils s'appliquent au rouleau ou à la taloche et se prêtent à de nombreux aspects de finition.

### PAS DE FINITIONS SUR BÉTON FRAIS

Attendez que les ouvrages soient parfaitement secs (au moins un mois) avant d'appliquer tout produit de finition : un ciment-colle, un crépi ou une excellente peinture appliqués sur un béton frais se décolleront par zones dans les jours qui suivent, obligeant à mettre en œuvre un décapage fastidieux... avant de tout recommencer ! Après ce temps de séchage, traitez toute la surface avec un shampooing pour mortier et béton qui neutralisera et éliminera les traces de laitier rejetées par le ciment.

N'appliquez pas non plus de crépi sur une construction en parpaings sans avoir préalablement surfacé l'ensemble avec un enduit, sinon les joints ne tarderaient pas à transparaître au travers du revêtement.

# Le choix de l'emplacement

**Si on choisit pour ses grillades de se servir d'un barbecue mobile, l'emplacement du foyer peut changer en fonction du temps et du vent au moment de l'utilisation. Avec un barbecue maçonné, bien ancré à sa place, les choix de son site et de son orientation sont primordiaux.**

Un barbecue en dur fonctionne généralement au bois ou au charbon de bois, même si certains barbecues sont équipés d'un foyer à gaz ou électrique. Le feu activé pour obtenir de belles braises a besoin de beaucoup d'air. Le gaz en consomme un peu moins, mais il lui est quand même nécessaire.

Le bois dégage aussi des fumées et des gaz résiduels inodores et toxiques comme le gaz carbonique. Les brûleurs d'un barbecue à gaz ne fument pas, mais produisent aussi du gaz carbonique (CO2 ou dioxyde de carbone). Ils doivent être parfaitement réglés pour ne pas libérer de monoxyde de carbone (c'est une des obligations imposées par la norme de sécurité).

Puis, lors de la cuisson sur des braises, des pierres de lave, ou une résistance électrique, certains aliments – au demeurant délicieux – répandent dans l'air ambiant des odeurs peu agréables (pensez aux sardines grillées), souvent imprégnantes. À l'extérieur, le vent se charge de chasser ces émanations parasites. Il apporte aussi de l'air frais qui favorise le tirage ou le contrarie. À l'intérieur, il faut impérativement assurer l'évacuation des fumées, des gaz et des odeurs pour ne pas infecter la maison, au sens propre comme au figuré.

Pour toutes ces raisons, l'emplacement d'un barbecue maçonné doit être déterminé après mûre réflexion, car il sera évidemment impossible à déplacer une fois construit.

Le foyer d'une cheminée équipée d'un gril ou d'une broche est un parfait barbecue intérieur.

# LE BARBECUE À L'INTÉRIEUR DE LA MAISON

L'emplacement d'un barbecue installé à demeure ne se détermine pas en fonction du vent (quoiqu'il faille penser aux apports d'air frais), mais surtout selon les possibilités d'évacuation de la fumée. Plusieurs solutions sont envisageables.

## Les solutions les plus simples

■ **Une cheminée à feu** ouvert est l'emplacement idéal : tout, c'est-à-dire la sole réfractaire pour les braises, la grille d'arrivée d'air et le conduit pour l'évacuation des fumées, est déjà en place pour que le fonctionnement se fasse sans problèmes et sans risques. Il suffit d'équiper le foyer d'un gril ou de poser une grille au-dessus des braises, sur des fers ronds, posés eux-mêmes en appui sur des briques se trouvant sur les côtés de la sole.

■ **Un four à pain** à large ouverture (traditionnellement appelée « gueule »), utilisé sans porte et avec un gril sur pieds posé sur la sole, avec un feu de braises entretenu en périphérie de la voûte est aussi un parfait barbecue. Conçu d'origine pour pouvoir résister au feu, il laisse s'évacuer fumées et mauvaises odeurs par le conduit de fumée. La cuisson s'effectue par rayonnement de la chaleur emmagasinée par l'enceinte du four et entretenue par les braises incandescentes. De plus, elle se fait avec un moindre risque de carbonisation car les braises ne sont pas sous les aliments.

## Dans la cuisine

Sous une hotte aspirante de cuisine, incorporé au plan de cuisson, un barbecue de taille modeste mais suffisante peut trouver sa place.

Quatre précautions sont cependant à prendre :

■ Toutes les parties qui supportent l'ensemble du foyer du barbecue doivent être isolées contre les effets de la chaleur et doivent être incombustibles.

■ Les matériaux et appareils placés ou posés à proximité du foyer doivent être insensibles au feu.

**À table, seul le barbecue électrique assure les grillades sur place en toute sécurité.**

■ La hotte d'aspiration et son habillage doivent être à une hauteur suffisante au-dessus du brasier.

Il n'y a pas de règle précise pour ce cas de figure, mais on peut appliquer celle qui est en vigueur pour les plaques de cuisson à gaz, c'est-à-dire à au moins 90 cm au-dessus des flammes.

■ L'utilisation ne peut se faire que si la pièce est correctement ventilée, en gardant au moins une porte ou une fenêtre ouverte sur l'extérieur.

Si vous optez pour un barbecue électrique, l'aération de la pièce est superflue, mais il vous faudra respecter les gardes au feu au cas où un aliment ou un ingrédient gras viendrait à s'enflammer… bien que ce soit toutefois peu probable.

## À table

On dispose le barbecue comme on le ferait pour un appareil à raclette. Seuls sont autorisés pour cette utilisation les modèles électriques. Cette solution est très agréable et très convi-

**Un barbecue maçonné, fermé et muni d'un avaloir, peut être construit à proximité de la végétation.**

Un barbecue ouvert ne peut être placé près des végétaux que s'ils ne sont ni secs ni résineux.

### UN TEST AVANT DE CONSTRUIRE

Pour être sûr de votre choix, avant de passer à l'étape de la construction, faites un feu de brindilles légèrement humides sur une plaque de tôle ou dans un bidon en fer à l'endroit choisi. Vous pourrez ainsi avoir une idée de la façon dont s'évacue la fumée. Faites ce test un jour où le vent est stable et dans sa direction habituellement dominante. Car s'il tournoie dans tous les sens, cet essai ne vous servira à rien.

viale puisque chacun s'occupe de sa grillade, sans avoir à se déplacer.

Un conseil cependant : avant la première utilisation, faites un essai de fonctionnement en laissant l'appareil en chauffe pendant une heure ou deux sur un plan de travail carrelé pour vérifier que l'échauffement sous l'appareil n'est pas excessif. Sinon, le vernis ou le placage de la table de la salle à manger pourraient en souffrir. Si vous avez des craintes pour leur tenue, posez alors votre barbecue électrique sur une épaisse plaque de liège non vernie ou sur une plaque d'aggloméré ignifugé de 19 mm d'épaisseur.

## LE BARBECUE À L'EXTÉRIEUR

En plein air, les risques d'incendie sont moindres, sauf si le barbecue est installé à proximité d'une réserve de foin, de paille sèche, ou de tout autre matériau ou objet facilement inflammable. Par contre, l'orientation du vent dominant est un critère déterminant car celui-ci va emporter les fumées et les odeurs, agir sur les combustions et, d'une manière plus sournoise, sur le dégagement et la transmission de la chaleur.

### D'abord trouver le bon endroit

Il ne faut pas que le vent rabatte ces émanations indésirables sur le coin repas, ni sur votre maison ou celle de votre voisin. Il faut

**FAUT-IL UN PERMIS ?**

Avant de construire un barbecue en dur, vous devez déposer à la mairie du lieu de l'installation une « Déclaration de travaux ne nécessitant pas de permis de construire ». Si vous êtes dans une zone classée, ou si vous vous trouvez dans un périmètre protégé, une « Demande de permis de construire » peut être nécessaire.
Renseignez-vous sur place à la mairie.
De même, si vous résidez dans un lotissement, consultez le cahier des charges et prenez également contact avec le syndic pour vous assurer que ce type de construction est bien autorisé.

aussi, de préférence, que le barbecue soit à proximité du salon de jardin.

Ces impératifs vont déterminer son emplacement. Faites-le sur plan ou, plus simplement, en vous déplaçant autour de la table et des chaises pour lui trouver la meilleure place. Si possible, retenez un endroit sur la terrasse, ou à proximité.

## Isolé ou accolé ?

Le barbecue peut être installé en divers endroits en laissant une libre circulation tout autour. À chacun alors de choisir s'il doit être mis en évidence ou, au contraire, se faire discret et s'intégrer dans le décor existant. Une autre solution élégante consiste à le construire (si le vent s'y prête) accolé contre un mur aveugle de la maison, un mur pignon par exemple.

Les travaux à entreprendre sont alors conséquents car son avaloir doit être prolongé par un conduit de fumée qui débordera d'au moins 40 cm au-dessus du faîte de la toiture et sera coiffé par un couronnement (voir page 65).

En contrepartie de ce supplément de travail, le conduit vous apportera un certain confort, en emportant les odeurs et les fumées qu'il dispersera à une hauteur suffisante pour que ni vous, ni vos voisins ne soyez incommodés par celles-ci.

## Déterminer l'orientation

Une fois le bon endroit délimité, il faut orienter le sens de l'ouverture du foyer par rapport au vent. Celui-ci ne doit pas arriver de dos, ni franchement de face.

Dans le premier cas, il provoquerait un effet d'aspiration et des tourbillons dans le foyer. Dans le second, il risquerait d'attiser le feu à l'excès et surtout de « souffler » la chaleur sous les aliments. Restent alors deux solutions :

- avec vent de côté si celui-ci est généralement fort ;
- ouverture orientée de biais, face au vent, s'il ne souffle habituellement que doucement.

Il est temps maintenant de choisir le type de construction que vous allez réaliser.

# LA STABILITÉ DU SOL

Un barbecue en kit ou monté en maçonnerie est forcément lourd. Il doit être monté sur un sol solide et stable. Il n'y a aucun problème si la construction se fait sur une terrasse réalisée avec une sous-dalle en béton suffisamment épaisse et solide.

Sur un sol damé, il vaut mieux se méfier : il peut être compact en surface mais beaucoup plus meuble en dessous. Sur une pelouse ou tout autre terre, qu'elle soit nue ou de jardin, tout barbecue maçonné doit être construit sur une assise en béton. Elle assurera sa stabilité et lui évitera ainsi de se fissurer.

**La surface de l'assise en béton doit être plane mais striée pour assurer l'accrochage de la construction.**

# LA CONSTRUCTION D'UNE ASSISE

Voici, dans son principe, comment réaliser une assise. Les dimensions sont à adapter en fonction de celles du barbecue.

Elle est constituée par des semelles filantes placées sous les parties du barbecue qui s'appuient au sol et d'une dalle coulée dans le même temps pour former un plancher. Celui-ci isolera de la terre tout ce qui sera entreposé entre les jambages (parois verticales qui soutiennent les plans de cuisson, le plan de travail et la partie supérieure de la construction). Les tranchées doivent être plus larges que l'épaisseur des matériaux constituant les jambages.

## Le terrassement

1. Commencez par déterminer les dimensions de l'assise au sol en ajoutant 10 à 20 cm de plus, en largeur et en profondeur, que celles du barbecue. Matérialisez-les par des piquets et tendez un cordeau entre eux pour visualiser l'emplacement exact de la construction. Dégagez à la bêche et à la pelle la terre sur toute cette surface sur une profondeur de 10 cm.

2. Creusez à la bêche, à l'endroit des côtés et du fond (si nécessaire sous le jambage central), des tranchées de 30 cm de largeur (à l'intérieur des cordeaux) et de 30 cm de profondeur. Vous

# LA RÉALISATION DES FONDATIONS

## COFFRAGE POUR UN PETIT BARBECUE

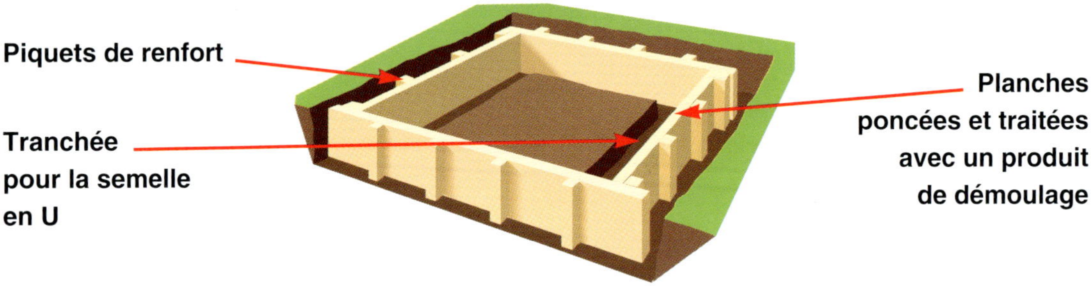


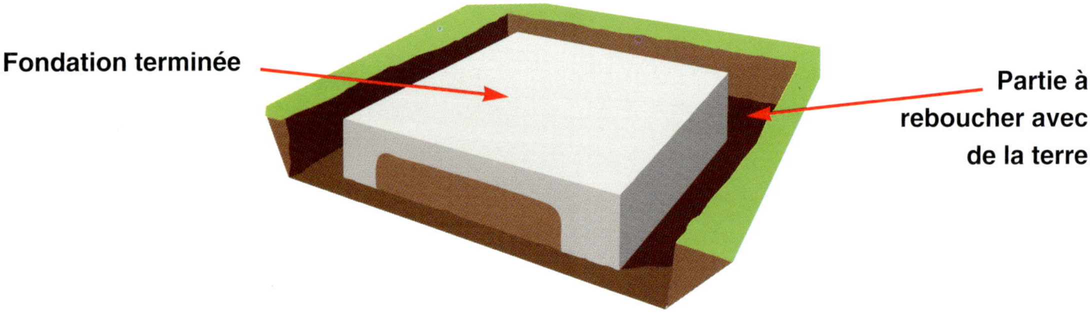


## COFFRAGE POUR UN GRAND BARBECUE

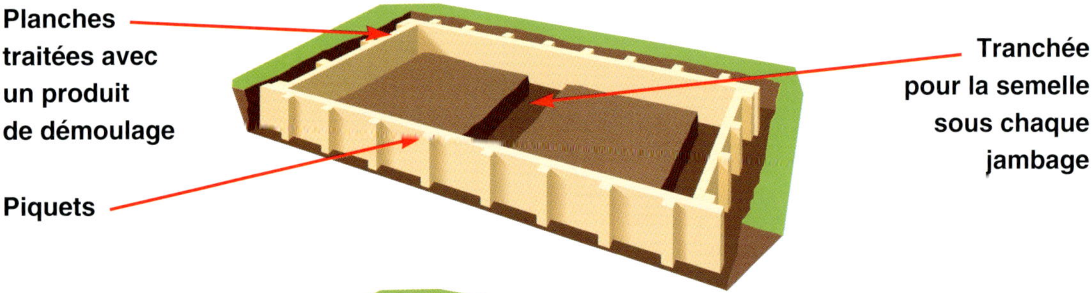


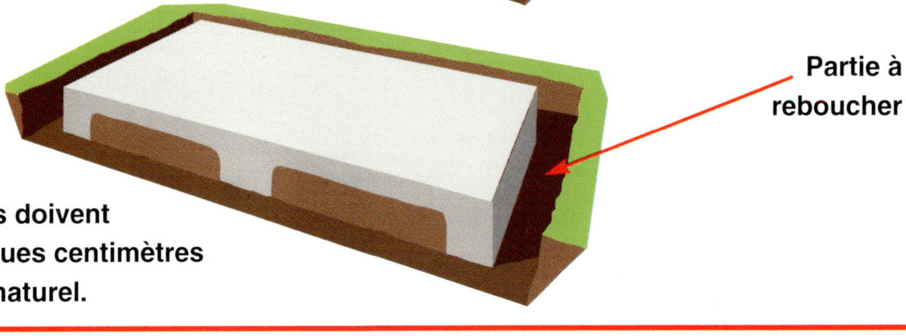


N.B. : les coffrages doivent dépasser de quelques centimètres au-dessus du sol naturel.

obtiendrez une forme en U (pour un fond et deux jambages) ou en E (un fond avec des jambages latéraux et un central).

3. Posez un coffrage en périphérie. Si le sol est compact, il n'est pas indispensable ; les parois terreuses maintiendront le béton. En présence d'un terrain sablonneux, en revanche, il est nécessaire. Il est en tout cas utile pour assurer une réalisation bien horizontale de l'assise. Pour le poser, élargissez la tranchée de 10 cm de chaque côté, et placez des planches (épaisseur de 25 à 30 mm), clouées sur de robustes piquets enfoncés dans le sol. (Voir croquis ci-contre).

Poncez les faces des planches qui seront en contact avec le béton et recouvrez-les de cire de démoulage ou frottez-les avec un pain de paraffine afin de faciliter le décoffrage. Montez ce coffrage avec soin et amenez tous les chants supérieurs au niveau du sol.

Vérifiez, avec une règle de maçon et un niveau à bulle, l'horizontalité en tous sens (longueur, largeur et diagonales). De cette façon, il suffira de surfacer le béton avec une règle en prenant appui sur le dessus du coffrage pour être certain que votre assise sera parfaitement plane et horizontale.

4. Préparez, pour chaque partie droite de la semelle, une armature en fers de 6 mm de diamètre, liés aux angles intérieurs de carrés de 15 cm de côté (formés en pliant des tiges d'acier de 2 ou 3 mm). Présentez-les en place et ligaturez-les ensemble aux angles des tranchées avec du fil de fer non plastifié. Vous pouvez vous simplifier la tâche en utilisant des armatures préfabriquées que vous couperez aux longueurs voulues ; ensuite, croisez et ligaturez dans les angles.

5. Étalez une couche de caillasses au fond des tranchées (elle constitue le hérisson) sur une épaisseur de 10 cm et tassez-la avec une dame.

6. Commencez à remplir la tranchée avec du béton composé d'un quart de ciment, d'un quart de gravillons et de deux quarts de sable. Placez l'armature en fer à béton et continuez le remplissage. Tassez avec une dame pour chasser les bulles d'air.

7. Continuez le coulage à la fois dans les tranchées et sur l'ensemble de la surface en incorporant une armature plate en fers soudés. Damez le béton et égalisez-le en le tirant avec une règle prenant appui sur les bords du coffrage.

Vérifiez, à l'aide d'une règle et d'un niveau à bulle, que la surface de la semelle est horizontale en tous sens et rectifiez au besoin.

8. Laissez prendre le béton (2 ou 3 heures) et striez la surface avec une griffe ou le bord d'une truelle pour que le mortier fin (50 kg de ciment gris, soit un sac pour 100 litres de sable) de la chape de finition que vous réaliserez ensuite puisse s'y accrocher.

**Laissez le béton sécher pendant au moins une semaine avant de monter ou de débuter la construction du barbecue.**

CHARBON DE BOIS

# Construire un barbecue en kit

**On peut avoir envie d'un barbecue en dur dans son jardin et rêver de le monter soi-même, sans pour autant être féru de maçonnerie. Dans ce cas de figure, les modèles vendus prêts-à-monter, en kit, constituent la solution idéale.**

Plusieurs raisons conduisent bien souvent à préférer les barbecues en kit à des constructions traditionnelles. Même ceux qui savent manier la truelle et les matériaux de construction peuvent succomber à leur charme.

## UN GRAND CHOIX DE MODÈLES

Plusieurs constructeurs de cheminées ou même des fabricants de matériaux proposent une grande gamme de modèles de barbecues prêts-à-monter. Les formes et les matériaux utilisés pour leur construction (briques, pierres du Gard ou d'ailleurs, pierre reconstituée, matériaux composites, etc.) sont très variés. Le choix est maintenant assez vaste pour que chacun n'ait pas obligatoirement, chez lui, le même barbecue que son voisin.

### Les éléments essentiels

Ces constructions sont l'occasion de faire connaissance avec les différents éléments constituant un barbecue en dur, ainsi que les fonctions et les spécificités de chacun.

■ **Les jambages.** Ce sont généralement les parties verticales, des petits murets qui supportent la construction.

Dans leur plus simple utilisation, ils ne soutiennent que la sole foyère.

## DÉTAIL D'UN BARBECUE MAÇONNÉ

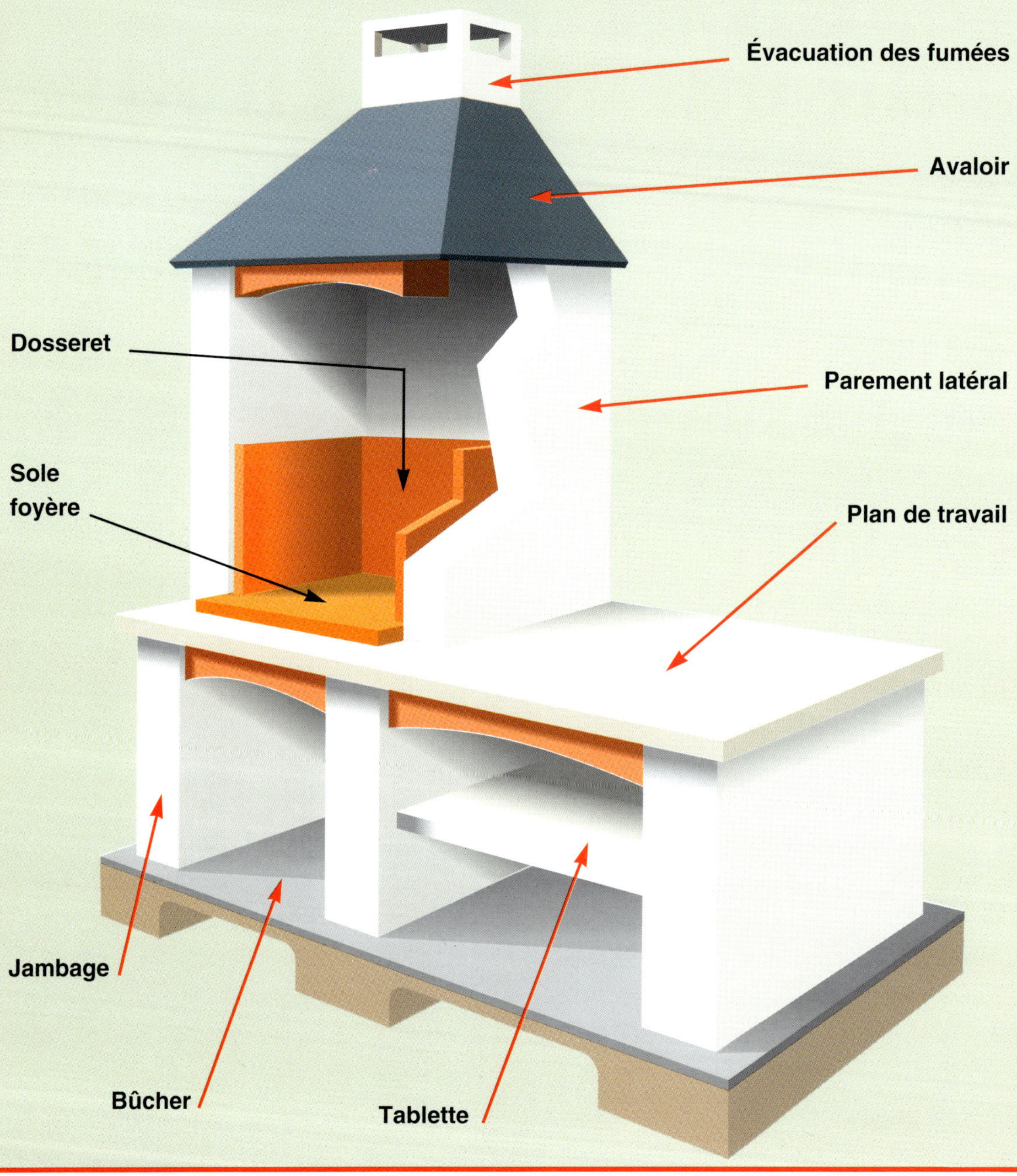

■ **La sole foyère.** C'est la partie horizontale, réalisée à base de matériaux réfractaires, sur laquelle on installe directement le feu de bois ou un barbecue portable sans piétement. Elle peut aussi être ouverte, permettant d'y encastrer un bac à braises avec ou sans cendrier. La hauteur de cette sole par rapport au sol doit être comprise entre 80 et 90 cm, la moyenne la plus confortable pour les manipulations se situant à 83 cm.

■ **Le dosseret.** Placé derrière la sole foyère, il constitue le fond du foyer et fait office de coupe-vent. Sa hauteur varie d'une dizaine de centimètres jusqu'à une taille suffisante pour former un cœur (partie verticale constituant le fond de la cheminée) comparable à celui d'une cheminée.

■ **Les parements latéraux.** Ils viennent en complément du dosseret et renforcent l'effet coupe-vent de part et d'autre de la sole foyère. Ils peuvent être conçus pour servir de support à un gril ou à un tournebroche.

Leur hauteur est généralement en rapport avec celle du dosseret.

■ **L'avaloir.** Il n'existe pas nécessairement sur tous les barbecues. Il coiffe le foyer et repose sur le dosseret et les parements latéraux. Son rôle est de créer un mouvement d'air ascendant pour évacuer les fumées vers le haut, au lieu de les laisser retomber sur le foyer ou vers le sol. Hélas, il ne remplit pas toujours sa fonction à la perfection et il est souvent plus décoratif qu'utile. Il est par contre indispensable lorsque le barbecue doit être raccordé à un conduit de fumée (dans le cas où la construction est accolée contre un mur aveugle par exemple).

**Composé d'éléments en béton à lier au mortier, un tel barbecue peut être personnalisé par des crépis sur ses parties extérieures.**

■ **Le(s) plan(s) de travail.** Ce sont des extensions latérales placées de part et d'autre ou sur un seul côté de la sole foyère. Pour pouvoir cuisiner confortablement, un plan de

**En pierres et en briques destinées à rester apparentes, la seule difficulté du montage de ce barbecue est de soigner les joints de mortier.**

travail au moins est nécessaire, ne serait-ce que pour déposer les plats, les aliments et les ingrédients. Un deuxième serait apprécié pour effectuer les préparations. Ils sont généralement à la même hauteur que la sole foyère et dans son prolongement.

■ **Les tablettes.** Placées entre les jambages, elles permettent de déposer tout ce qui est en attente de service, les accessoires comme les aliments et les épices.

■ **Le bûcher.** Il trouve tout naturellement sa place entre les jambages, mais il est à considérer plutôt comme le moyen d'entreposer temporairement la quantité de bois ou les sacs de charbon de bois qui seront nécessaires pour la durée de la cuisson. On peut également y stocker du bois, mais seulement s'il est équipé de portes le protégeant des intempéries.

## LA CONSTRUCTION DES KITS

Le succès des barbecues prêts-à-monter s'explique par le fait que leur réalisation se fait facilement et très rapidement, et qu'ils peuvent être utilisés quelques heures seulement après que l'on ait posé le dernier élément (juste le temps nécessaire pour que les joints de mortier durcissent), car toutes les parties en contact avec le feu sont déjà sèches. Un barbecue livré en pièces détachées le samedi matin peut être assemblé par deux personnes dans le courant de l'après-midi pour être utilisé le dimanche…

Tous les éléments sont dits « manuportables », c'est-à-dire qu'ils peuvent être facilement portés par une, voire deux personnes. Il n'est donc pas nécessaire de posséder des accessoires de transport pour les mettre en place.

**Pierres, briques et béton (pour l'avaloir) composent un ensemble rustique.**

De plus, cette construction impose peu de calcul de dimensions, de quantité de matériaux, de volumes de mortier. Le plus compliqué étant de faire un bon traçage au sol avant de débuter le montage. Ensuite, tous les éléments s'assemblent facilement au mortier. Comme l'opération nécessite peu de mortier (sauf si le barbecue est monumental), il est préférable de l'acheter en sac prédosé. Il suffit de le gâcher dans une auge avec juste la quan-

**Un barbecue à double foyer peut assurer les grillades familiales comme les grandes festivités.**

tité d'eau demandée, sans qu'il soit besoin de se livrer à des dosages et des mélanges de sable et de ciment. Ce qui, ici encore, simplifie bien les travaux de pose...

## Le processus de montage

Pour mener à bien la construction d'un barbecue en kit, il suffit de procéder en suivant les instructions fournies par le constructeur. Attention ! Comme pour les cheminées, le montage à sec des éléments est interdit ! (le barbecue est destiné à son usage et non à servir d'élément décoratif). Tous doivent être scellés avec du mortier ordinaire gris ou blanc, selon la couleur des pièces à assembler, ou avec celui recommandé par le fabricant.

1. La première opération (après avoir lu la notice) consiste à repérer les divers éléments qui constituent le barbecue et à les ranger dans l'ordre de leur montage, du bas vers le haut.

2. Tracez ensuite au sol les emplacements des jambages, en vérifiant bien leur alignement et leur équerrage.

3. Posez et scellez au mortier les premiers éléments, et vérifiez leur horizontalité en tous sens avec un niveau à bulle. Si ce sont des jambages constitués d'un seul bloc faisant la totalité de la hauteur jusqu'à la sole foyère, il faut aussi contrôler leur aplomb vertical sur deux faces contiguës et le rectifier si nécessaire.

Lorsque le montage se fait avec des petits éléments comme des rangs de briques préassemblées, le contrôle de la verticalité se fait au fur et à mesure de la pose.

4. Poursuivez l'assemblage en respectant scrupuleusement l'ordre et les instructions du fabricant ; en respectant, s'il le faut, les poses recommandées de manière à ce que le mortier ait le temps de durcir suffisamment avant d'être soumis aux charges supplémentaires des éléments suivants.

5. Nettoyez les éventuelles bavures de mortier et, si nécessaire, lissez les joints avec un fer à joints.

Les structures traditionnelles « au carré » ne sont pas indispensables au fonctionnement d'un babecue. Ici, la rotondité des formes donne du caractère à la structure centrale. Celle-ci reçoit un barbecue portable. Elle peut-être montée seule ou être équipée d'une ou deux tablettes latérales.

## EXEMPLE DE MONTAGE D'UN BARBECUE EN KIT

Un barbecue en kit se monte très rapidement, mais c'est un jeu de construction dont certaines pièces sont quand même assez lourdes : il faut être à deux, au moins, pour la mise en place de l'avaloir. Voici, à titre d'exemple, les diverses étapes du montage d'un modèle en briques pré-assemblées (Pacéma). À quelques détails près, les barbecues en pierres ou en éléments de béton se montent de la même façon. Il est évident qu'il faut auparavant s'assurer de la résistance du sol et couler des fondations en béton si nécessaire. Ici le montage se fait sur une aire dallée.

**1. Disposez les premiers éléments à sec sur l'emplacement choisi. Retournez-les un par un pour enduire le dessous de mortier et scellez-les au sol.**

**2. Vérifiez le positionnement et l'horizontalité des premiers éléments; montez les suivants en contrôlant que chaque rang est bien horizontal en tous sens.**

**3. Insérez la tablette dans les rainures réservées dans les jambages latéraux. Cette tablette peut être posée à sec, de façon à pouvoir être déposée, ou scellée.**

**4. Posez la sole foyère et, s'il y a comme ici, le plan de travail sur un lit de mortier déposé sur le faîte de l'assise formée par les jambages et le fond.**

5. Après avoir vérifié l'alignement et l'horizontalité de la sole et du plan de travail, montez et scellez les éléments constituant l'entourage du foyer.

6. Après chaque élément placé, contrôlez et rectifiez si nécessaire la verticalité de l'ensemble sur les côtés, mais aussi celle du fond du foyer.

7. Avant que le mortier ne soit trop dur, lissez les joints et nettoyez les bavures, d'abord par grattage puis avec une éponge rincée plusieurs fois à l'eau claire et bien essorée.

8. Posez et scellez l'avaloir sur le dessus du foyer. C'est la pièce la plus lourde du kit, manipulez-la à deux et posez-la délicatement sur la partie déjà montée.

9. Scellez une brique sur chant de chaque côté de la sortie de l'avaloir, puis posez et scellez l'élément formant le couronnement de la sortie de fumée.

10. Apportez la touche finale en éliminant les traces de ciment séché. Dans le cas d'un barbecue en béton, attendez 15 jours avant de le peindre ou de le crépir.

# Les constructions personnelles

**Pour le simple plaisir de construire ou par désir de personnaliser leur barbecue de jardin, certains n'hésitent pas à tourner le dos aux attraits des modèles en kit.**

Construire un barbecue en dur n'est pas vraiment un problème lorsqu'on est bon bricoleur et habitué à manipuler les matériaux de construction. Comparée au prêt-à-monter, cette opération présente, il est vrai, quelques contraintes, mais aussi beaucoup d'autres avantages.

## UNE COMPARAISON AVEC LES KITS

Pourquoi s'astreindre à construire son barbecue pierre par pierre ou brique par brique alors qu'il est si facile de le réaliser avec un modèle prêt-à-monter ? Comparons les avantages de chaque option afin de se faire une idée avant d'entreprendre des travaux.

■ **Le coût.** Les kits sont en apparence plus onéreux que l'achat de matériaux nécessaires pour réaliser une construction similaire en traditionnel. Il faut donc faire des calculs plus poussés pour évaluer le prix réel à dépenser pour la seconde option, sans oublier de chiffrer vos déplacements pour le choix et l'achat des matériaux et, parfois, les frais de livraison. Si l'on a la chance de pouvoir obtenir gratuitement une partie des matériaux (des pierres naturelles qu'il suffit de ramasser par exemple) ou de puiser dans des réserves inutilisées, la construction personnalisée est en effet rentable. Sinon… ?

■ **Le temps de réalisation.** C'est le « prêt-à-monter » qui l'emporte, vu que l'assemblage se fait en quelques heures, au pire en une journée ; sans qu'on ait eu d'autre temps à lui consacrer que celui de consulter les catalogues ou de visiter les lieux de vente. La construction d'un barbecue en maçonnerie traditionnelle peut, elle, vous accaparer des semaines entières.

**■ L'aspect et l'intégration dans le paysage.** Les barbecues en kit sont de type « passe-partout », même si leur aspect et leur style diffèrent selon les fabricants. Ils s'intègrent généralement plutôt bien aux jardins et aux maisons de construction récente, plus rarement aux demeures anciennes. Si l'on habite une maison de pays, il est préférable de construire un barbecue avec des matériaux traditionnels du cru, en respectant, de préférence, les particularités régionales. Par exemple, un barbecue en pierres blanches paraîtra complètement déplacé dans une région où tout est construit en briques, et vice versa.

C'est certainement cet aspect comparatif, avec peut être le désir de réaliser un modèle bien à soi, qui motive le plus ceux qui veulent construire leur barbecue de leurs propres mains.

# AVANT LES TRAVAUX

Avant d'entreprendre la construction et avant d'acheter le moindre matériau, il faut se décider pour un modèle, choix qui sera dicté par l'utilisation prévue... ou par les idées de grandeur que chacun peut avoir.

## Le choix du modèle

Un petit barbecue avec sole foyère de 45 cm de profondeur sur 45 ou 50 cm de largeur avec un entourage pare-vent non couvert suffit pour six à huit convives.

Mais si, pour vous, le barbecue est surtout l'occasion de réunir un grand nombre de personnes, il vous faudra alors opter pour une sole plus grande (50 cm de profondeur sur 70 ou 80 cm de large), de façon à pouvoir cuire un plus grand nombre de parts en même temps ; à quoi vous ajouterez au moins une tablette et un plan de travail, pour faciliter l'utilisation.

Si l'on envisage de faire rôtir des cochons de lait ou des chevreaux à la broche, la sole foyère n'a pas besoin d'être plus profonde mais devra avoir une ouverture d'au moins 90 cm. Il est

### L'ACCESSOIRE FAIT LA MESURE

Pour déterminer la largeur de la sole foyère, tenez compte de la largeur des grils ou des braseros existants qui seront amenés à l'équiper : les petits grils en Inox font 40 cm de large ; les braseros horizontaux ou verticaux commencent à 47 cm. Donc, même si vous n'achetez pas tout de suite un brasero ou un ensemble de grillade que vous pensez acquérir plus tard, tenez compte de leurs dimensions pour déterminer celles de la sole foyère de votre barbecue.

évidemment possible d'utiliser un aussi grand foyer à mi-puissance en faisant un tas de braises sur une seule partie, au centre par exemple, qui sera délimitée par deux rangs de briques réfractaires, posées provisoirement sur la sole à l'écartement voulu.

## Quelques règles à respecter

Chacun est libre de donner la forme qu'il veut à son barbecue, mais doit se soumettre à quelques impératifs qui le rendront utilisable aisément et sans risques.

■ **La protection contre le feu est essentielle.** La sole foyère doit être en briques réfractaires liées au mortier réfractaire si le feu est en contact direct avec sa surface. Si elle ne sert que de support pour un barbecue portable, des briques et du mortier ordinaire conviennent. Son entourage immédiat doit aussi être insensible au feu. Si le montage est fait en parpaings (se révélant peu décoratifs) ou en béton cellulaire (interdit au contact direct du feu), il faudra recouvrir ces parties d'un parement en briquettes collées au mortier.

■ **Côté structure,** mieux vaut faire trop solide que pas assez. Les jambages doivent être en mesure de supporter la charge qui pourrait leur être imposée par des améliorations futures : on peut fort bien, au départ, ne faire qu'un barbecue à foyer non couvert, mais le doter ensuite d'un avaloir et d'une couverture.

■ **Enfin, si le montage se fait sur une surface de tenue douteuse,** il faut réaliser une fondation en béton (voir le chapitre consacré à l'implantation du barbecue, page 35 et suivantes).

■ **Pour le confort d'utilisation,** la sole foyère et les plans de travail doivent être à une hauteur comprise entre 80 et 90 cm (à l'usage, c'est à 83 cm qu'elle s'adapte à la majorité des utilisateurs de moyenne et grande taille).

## L'évaluation des travaux et du prix de revient

À partir d'un plan fourni ou réalisé par vos soins, il faut établir une fiche de débit qui permettra de s'approvisionner sans rien oublier (sauf peut-être quelques clous ou de la petite quincaillerie) et d'évaluer, par des relevés de prix, le coût de la construction. Ce peut être superflu pour un petit barbecue mais, s'il est monumental, il vaut mieux ne pas s'engager à la légère. La réalisation peut s'avérer trop coûteuse et ne jamais connaître son achèvement, faute de budget pour l'achat des matériaux.

Il faut aussi évaluer le temps que prendra la construction, sachant par exemple qu'il faudra laisser le béton des fondations durcir pendant une semaine avant de commencer à construire ; qu'un montage en briques ou en pierres brutes est beaucoup plus long à réaliser qu'avec des parpaings ou des blocs de béton cellulaire ; qu'il faudra laisser durcir le mortier liant les éléments des jambages pendant au moins trois jours avant de lui faire supporter la charge du reste de la construction ; mais, aussi, qu'il faudra attendre au moins quinze jours à trois semaines avant de faire du feu sur la sole foyère. Tenez compte de ces impératifs et du temps que vous pourrez consacrer à cette construction pour établir un planning des travaux.

## DEUX RÉALISATIONS EXTÉRIEURES

Ces deux barbecues sont des exemples de construction. Les parois peuvent être réalisées dans le matériau incombustible de votre choix : pierres brutes ou sciées, parpaings, briques décoratives, carreaux ou blocs de béton cellulaire…

Les pierres et les briques méritent de pouvoir rester apparentes, mais les parpaings devront recevoir un enduit puis un crépi plastique sur les faces non exposées au feu et un parement en briquettes plates sur celles tournées vers le foyer.

La même procédure s'applique au béton cellulaire mais, du côté extérieur, le crépi peut être remplacé par un enduit spécifique pour ce matériau. Il ne doit pas être laissé nu car, avec le temps, il finirait par se dégrader.

### Un petit barbecue

Inspirez-vous des dessins cotés ci-après pour le réaliser. L'épaisseur des murets variera de quelques centimètres en fonction des matériaux utilisés : 11,5 cm si ce sont des briques, 10 cm pour des parpaings ou des carreaux de béton cellulaire, à peu près la même épaisseur si ce sont des pierres naturelles montées au mortier ou taillées par un carrier de votre région. L'important est de conserver les cotes intérieures.

La tablette et le support de la sole foyère sont taillés (coupe avec une meuleuse à disque) dans une dalle de béton armé pour clôture. Sa triste couleur grise disparaîtra ensuite sous une couche de peinture pour pierre ou béton.

L'entourage de la dalle foyère peut être fait dans la continuité des jambages ou, mieux, avec un premier rang de mulots perforés (qui assureront l'apport d'air frais aux braises) surmontés par des rangs de briques posées à plat.

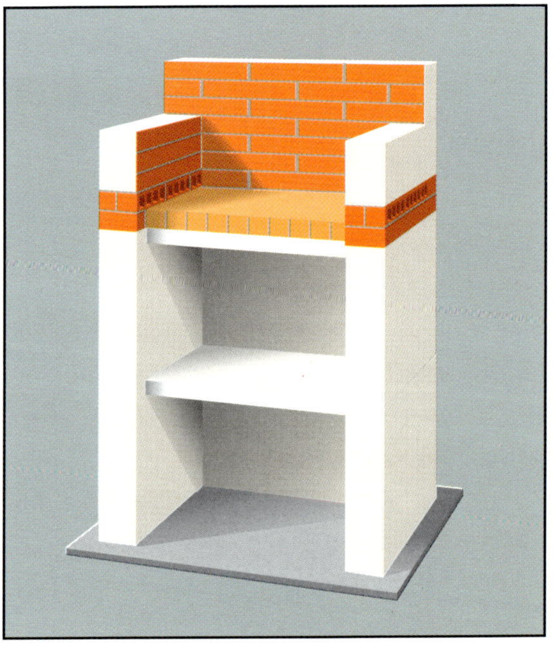

**Modèle de petit barbecue à réaliser pour l'extérieur.**

Pour maintenir le gril à diverses hauteurs, vous poserez des pattes métalliques à visser de chaque côté (2 pattes dans le joint de mortier de chaque rang de briques).

## Les étapes du montage

Si nécessaire, commencez par couler une fondation en béton comme indiqué au chapitre sur l'emplacement du barbecue (voir pages 35 et suivantes).

1. Montez les jambages et le muret de fond sur une hauteur d'environ 40 cm (2 rangs de parpaings ou 7 rangs de briques).

2. Posez et scellez la tablette taillée dans la plaque de clôture en béton armé.

3. Continuez le montage des murets et du fond sur 40 cm, ensuite posez la plaque de béton qui va supporter la sole foyère.

4. Posez un rang de briques à plat, sur le fond et les côtés.

5. Posez les briques réfractaires qui formeront la sole foyère (utilisez pour cela du mortier réfractaire).

6. Posez un double rang de mulots perforés sur les briques du pourtour, puis 3 rangs de briques posées à plat sur les côtés et 6 rangs pour le fond.

**Une remarque :** si le montage se fait en partie avec des parpaings et avec des briques, l'aspect extérieur peut tirer parti de cette différence : mais l'ensemble peut aussi être enduit et crépi pour être uniforme.

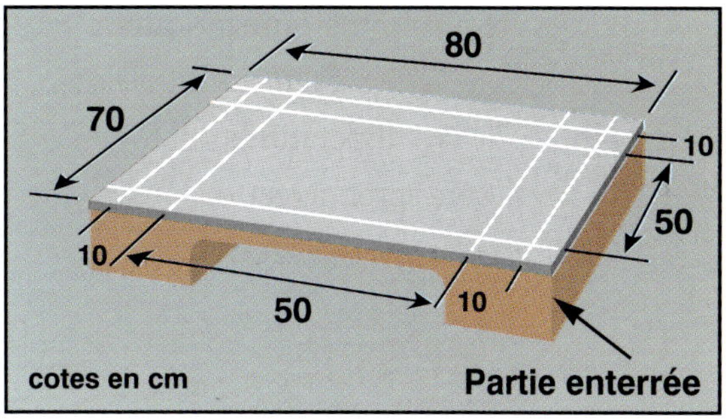

Coulez une fondation en béton si besoin.

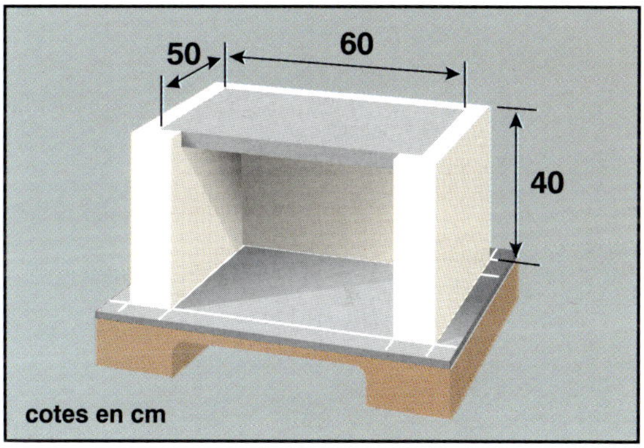

Montez les jambages et le muret du fond.

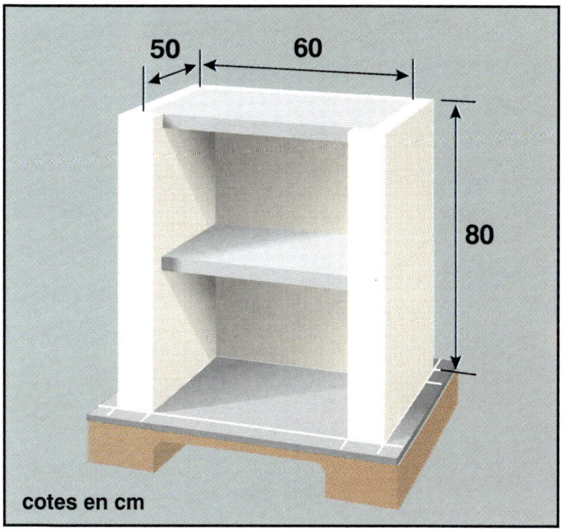

Posez la plaque de béton qui recevra la sole foyère.

Posez un rang de briques sur les côtés et le fond et des briques réfractaires au centre.

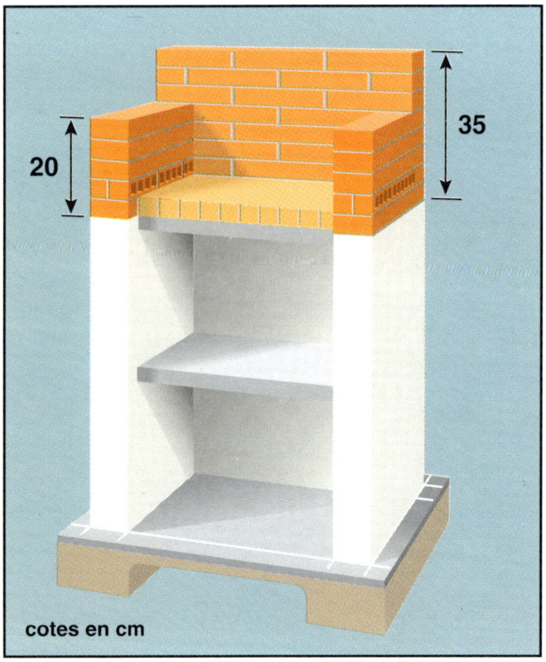


Terminez le montage avec les mulots perforés et les briques sur les côtés et le fond.

# Un barbecue grand modèle

Les remarques concernant la construction en fonction des matériaux employés sont les mêmes que celles précisées pour la construction du petit barbecue. Le modèle présenté comporte un seul plan de travail, mais rien ne vous empêche d'en placer un identique de l'autre côté de la partie foyer. Vous pouvez aussi élargir la sole foyère en déplaçant un côté entier (jambage et muret latéral). Cette partie est couverte et l'évacuation des fumées se fait par une ouverture pratiquée en haut et sur toute la largeur de la paroi constituant le fond.

## Les étapes du montage

Cette construction nécessite une fondation en béton comme indiqué au chapitre consacré à l'emplacement du barbecue (sauf si elle est faite sur une terrasse déjà bétonnée).

**GARE AU GEL**

Une construction extérieure en maçonnerie peut se faire en toute période, sauf s'il gèle. Un barbecue construit ou monté (si c'est un kit) en automne ou à la fin de l'hiver pourra servir dès les premiers beaux jours. Méfiez-vous alors des coups de froid nocturnes, car, si le mortier gèle, il s'effritera et n'assurera plus son rôle. Pour éviter de tels déboires, ajoutez toujours un additif antigel au mortier et au béton que vous mettriez en œuvre à une période où des chutes de température en dessous de 0 °C sont encore à craindre.

Modèle de barbecue grand modèle pour l'extérieur.

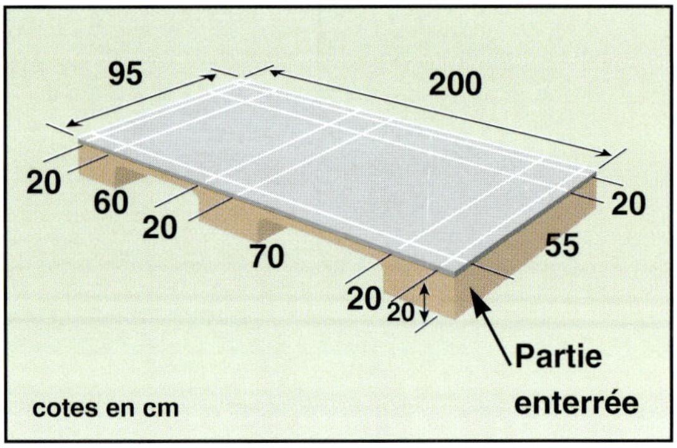


Commencez par réaliser une fondation en béton à l'emplacement choisi.

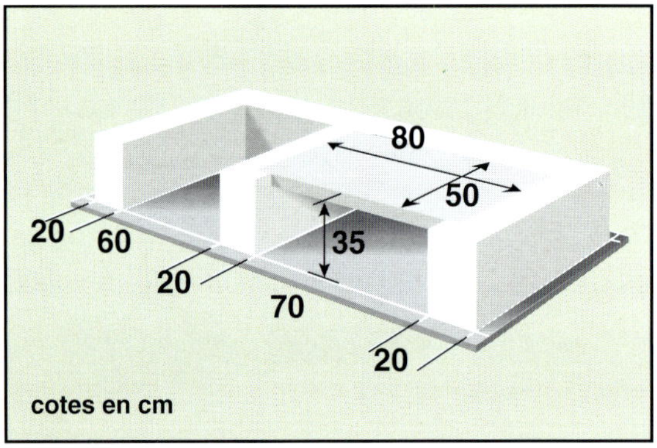


Montez les jambages et le muret du fond sur 35 cm et posez la tablette.

1. Montez les jambages et le muret de fond sur une hauteur d'environ 35 cm (6 rangs de briques ou 1 rang de parpaings entiers et 1 rang de parpaings raccourcis à 15 cm de hauteur avec une meuleuse à disque)

2. Posez et scellez une tablette taillée dans une plaque de clôture en béton armé.

3. Placez les coffrages pour les linteaux (voir l'encadré page 59) en façade entre les jambages. Le dessus de chaque coffrage doit être à 64 cm du sol.

4. Continuez le montage des jambages et du fond jusqu'à la hauteur des bords des coffrages des linteaux. Finissez le montage de l'ensemble (jambages, fond et linteaux) jusqu'à 75 cm de hauteur.

**Laissez l'ensemble sécher pendant 2 ou 3 jours avant de passer à l'étape suivante.**

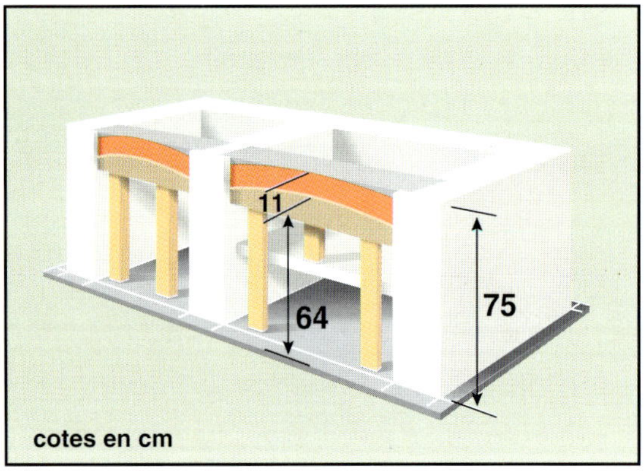


Placez les coffrages pour les linteaux et continuez le montage.

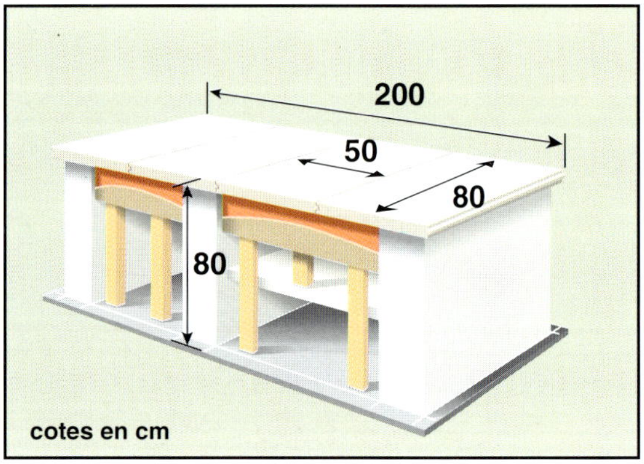


Posez et scellez les éléments de plaque de béton armé.

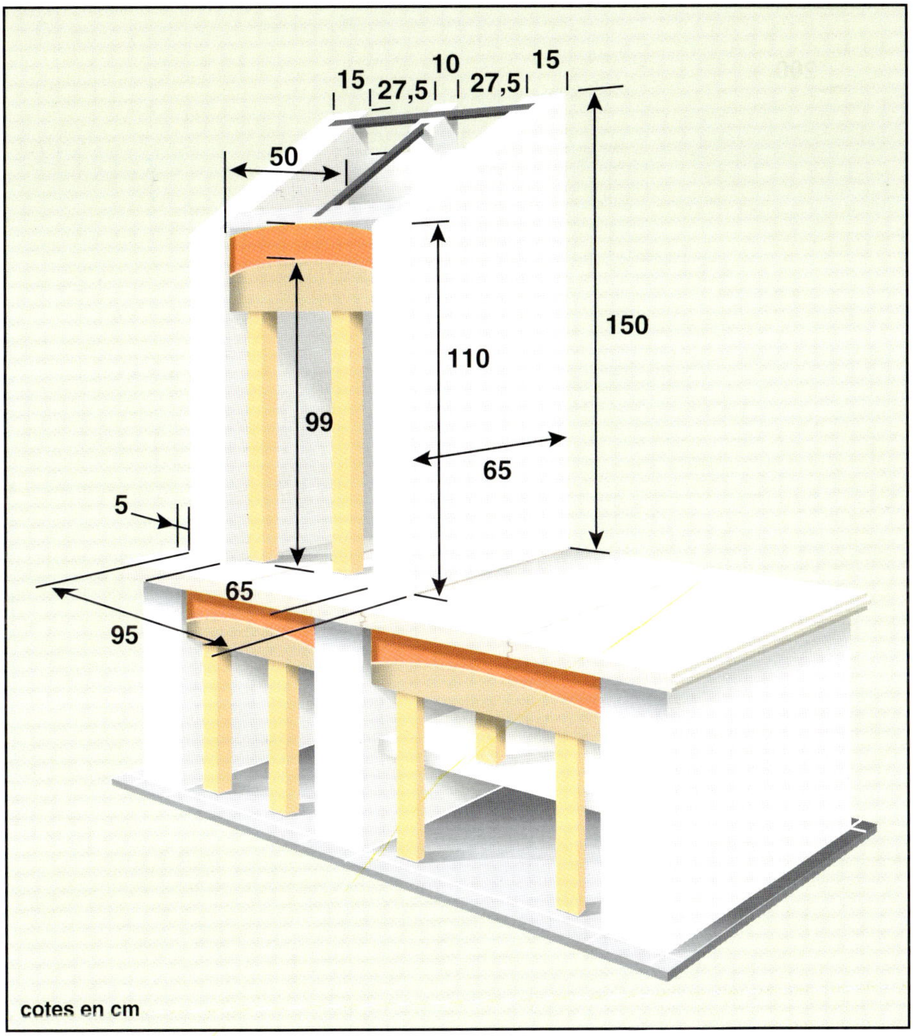


**Montez les murets latéraux et le fond de la sole foyère sans oublier le coffrage pour le linteau. Insérez celui-ci dans les murets.**

5. Posez côte à côte les éléments de plaques de béton armé pour clôture qui vont supporter la sole foyère et constituer le plan de travail. Scellez ces plaques sur les jambages, les linteaux et le fond, et entre elles au mortier. Veillez à ce que l'alignement de leur chant en façade soit parfait.

6. Montez les murets latéraux et le fond de la sole foyère en suivant les cotes indiquées sur le plan (1,10 m en façade et 1,50 m pour le plus haut point du fond). En cours de montage, placez le coffrage pour le linteau, à 99 cm au-dessus de la table. Montez ce linteau en l'insérant dans les murets.

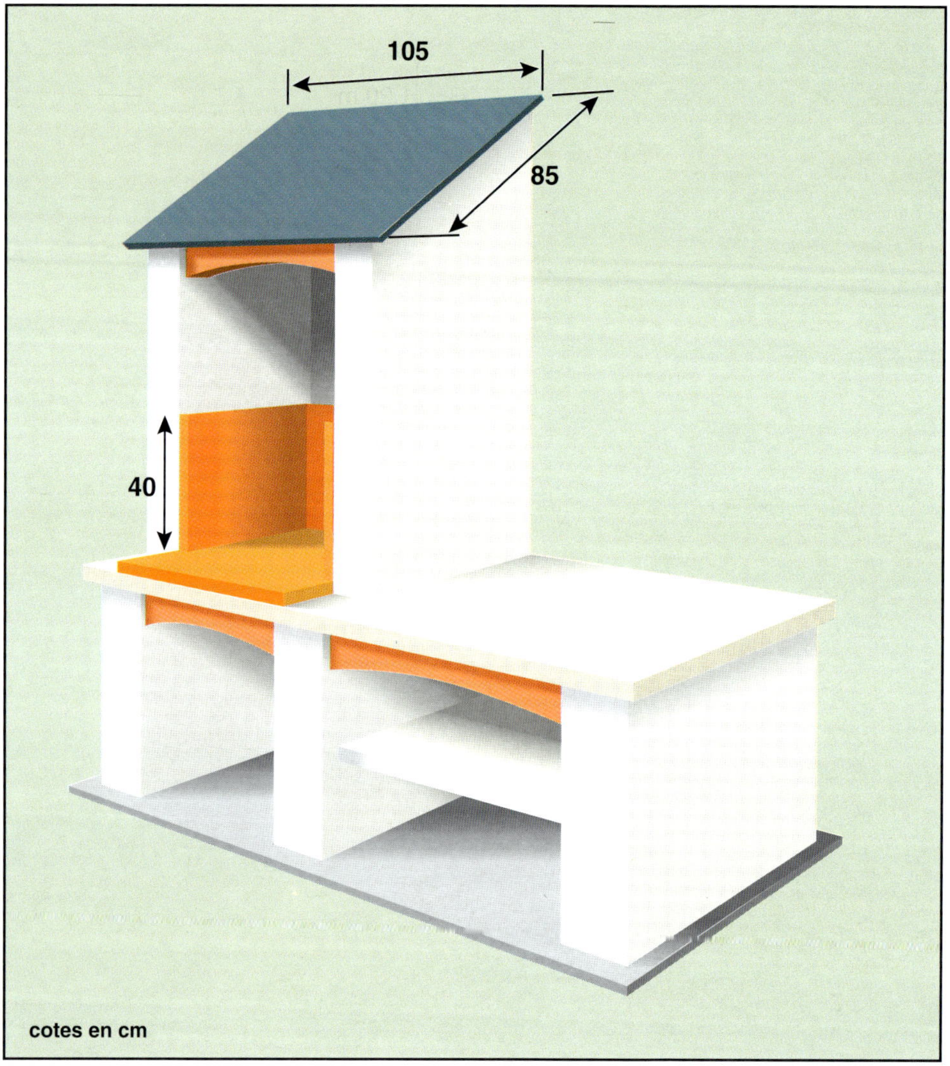


**Posez la couverture. Recouvrez la surface de la sole foyère avec des mulots réfractaires et tapissez si besoin les parties la bordant avec des briquettes de parement.**

7. Posez une plaque de Fibrociment sur le dessus pour la couverture. Cette plaque peut être peinte ou couverte avec des ardoises (vissées) ou des bardeaux bitumineux (shingles).

8. Recouvrez la surface de la sole foyère avec des mulots réfractaires posés sur un lit de mortier réfractaire et jointoyés de même.

9. Si les parois sont en parpaings, en béton cellulaire ou en pierres tendres, tapissez les parties bordant la sole foyère avec des briquettes de parement en terre cuite, sur 40 ou 50 cm.

10. Peignez le plan de travail ou recouvrez-le d'un carrelage en grès extérieur.

11. Appliquez les finitions extérieures.

## FAIRE UN LINTEAU CINTRÉ

Il peut être réalisé en pierres ou en briques. Il faut d'abord dessiner la courbure du cintre sur une grande feuille de papier et, à partir de ce gabarit, construire ensuite un coffrage ayant ce même profil, légèrement moins large que l'espace disponible entre les jambages ou les murets où il prendra place. Pour cela, découpez deux formes identiques dans de l'aggloméré de 16 mm.

Reliez-les ensuite entre elles à la base en les clouant sur les côtés d'une plaque d'aggloméré de même épaisseur, large de 20 cm, et fermez la partie courbe du dessus avec une bande de contre-plaqué de 5 mm, large de 24 cm.

Le linteau cintré doit être construit en même temps que les murets pour qu'il fasse corps avec eux. Placez et calez le coffrage à bonne hauteur entre les jambages en cours de montage et couvrez-le d'un plastique transparent. Montez les pierres ou les briques en appui sur le dessus du coffrage en les disposant judicieusement pour dessiner un arc régulier.

Centrez une brique ou posez une pierre plus grosse que les autres au milieu de l'arc pour figurer l'emplacement d'une clé de voûte.

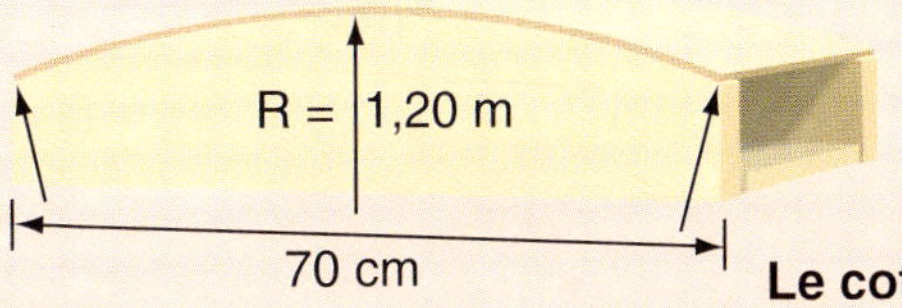

**Le coffrage**

**Exemple en briques**

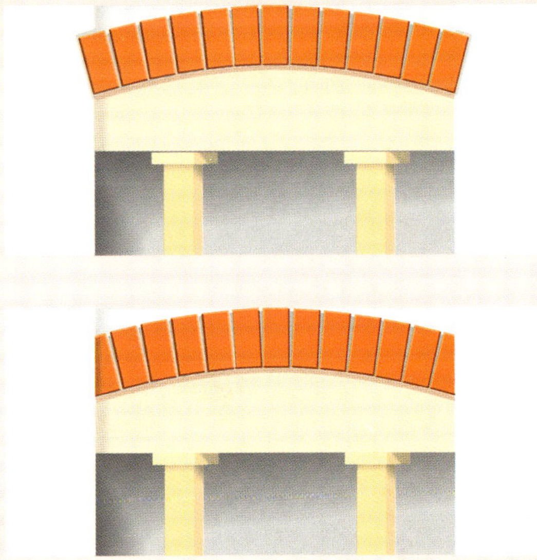
**Exemples en briques avec muret en béton cellulaire**

**Exemple en pierres**

# COMMENT FAIRE UN BANDEAU EN BRIQUES

**Scellement des mulots sur les fers à béton**

Dans le cas où le linteau n'a pas de charge excessive à supporter, il peut être remplacé par un bandeau en briques. On l'utilise ici comme élément de décor, mais surtout de protection, sous la poutre bordant l'avaloir dans la construction du barbecue intérieur. Il faut le réaliser au moins deux semaines avant de le poser car il devra être manipulable et parfaitement sec. Il est constitué de mulots perforés entiers en nombre suffisant pour obtenir la largeur voulue.

■ Pour le montage, placez-vous sur une surface plane recouverte d'une feuille de plastique transparent (bâche en polyéthylène) et munissez-vous d'une règle en bois ou en alu pour aligner les faces apparentes des mulots.

■ Enfilez-les sur trois fers à béton d'un mètre de long (l'excédent sera coupé ensuite), faces apparentes tournées vers le haut, en remplissant les creux et les joints au fur et à mesure.

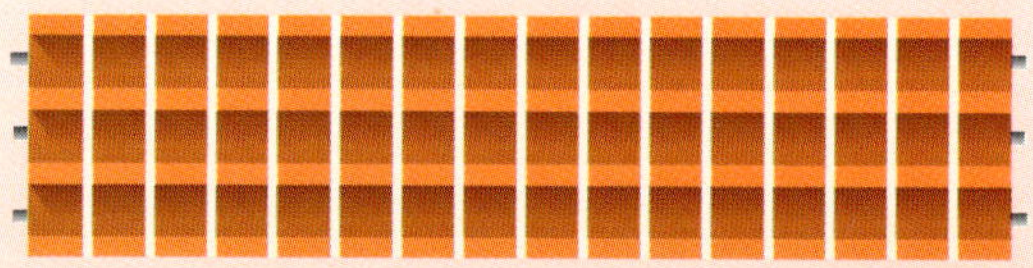

**Vue de dessous**

**Remplissage au mortier**

■ Laissez durcir le mortier quelques heures, puis grattez les bavures et lissez les joints.

■ 24 ou 48 heures après, retournez délicatement le bandeau et remplissez les sillons visibles au dos avec du mortier.

■ Laissez durcir à cœur pendant une quinzaine de jours, puis coupez les extrémités des fers en ne les laissant dépasser que de quelques centimètres.

## UN BARBECUE EN PIERRES

Ancien clapier ? Ancien bûcher ? Cette construction en pierres, partiellement remontée avec des pierres du pays, sert ici de base pour réaliser un barbecue à deux foyers de type à encastrer. C'est un exemple de réalisation à suivre.

1. Pour réaliser la dalle qui supportera les foyers et le plan de travail, placez d'abord un plateau de bois posé sur des étais entre les murets.

2. Après avoir enduit la plaque de cire de démoulage et avoir colmaté son pourtour, placez deux blocs de polystyrène expansé aux emplacements des foyers.

3. Sur l'entourage, posez des planches, maintenues par des chevillettes et clouées entre elles, puis coulez 8 à 10 cm de béton à égaliser à la règle.

4. Avant que le béton soit dur à cœur, on peut poser le carrelage en grès ou autre matériau non poreux. Il doit être fixé avec un ciment-colle pour l'extérieur.

5. Retirez les blocs de polystyrène par un jour sans vent pour éviter que ce matériau très friable et léger ne se disperse dans la nature environnante.

6. Au bout d'une semaine, retirez le coffrage. Les foyers sont mis en place, mais il faudra attendre encore deux semaines avant de faire les premiers feux.

## BARBECUE INTÉRIEUR VU EN COUPE

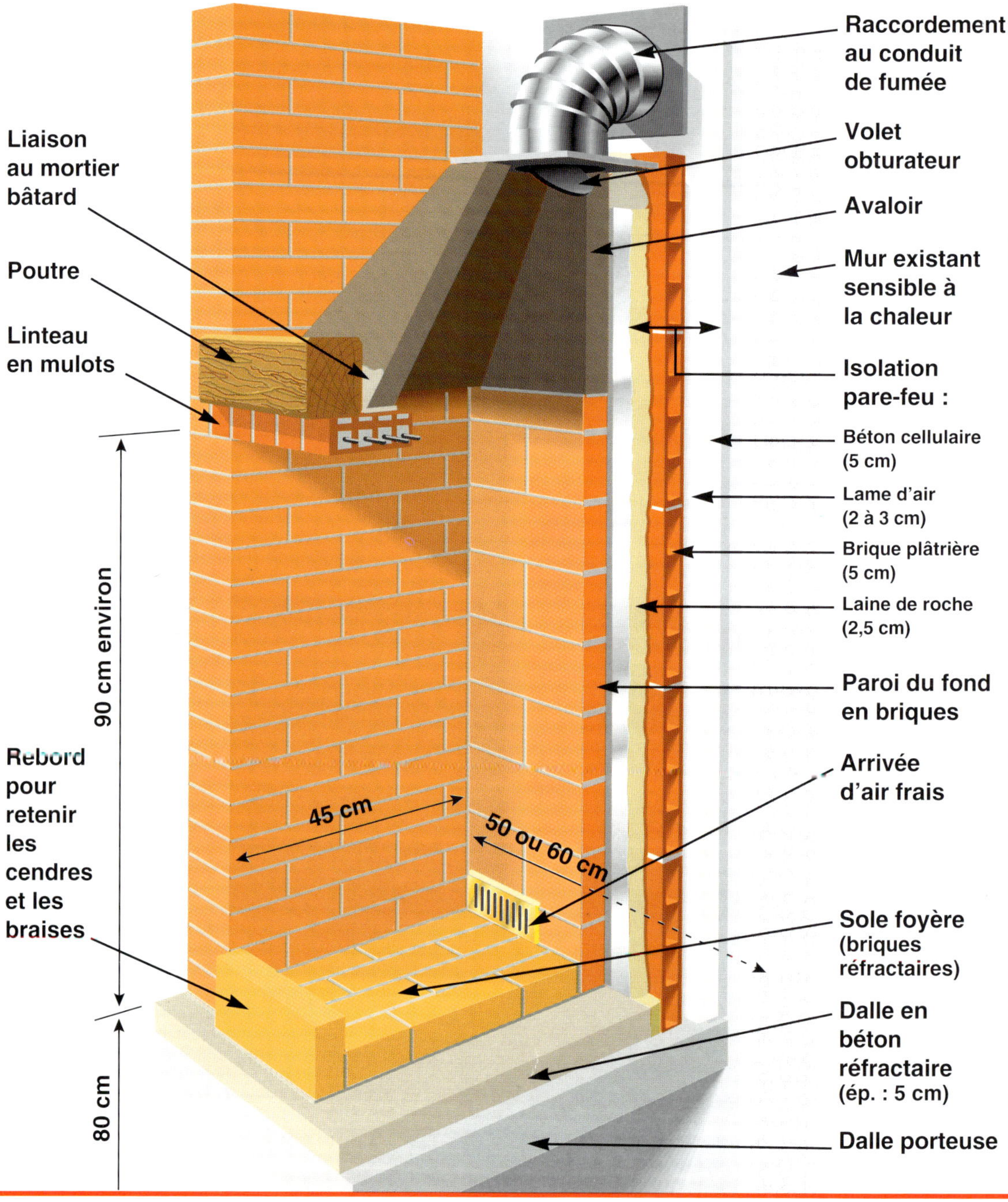

# UN BARBECUE INTÉRIEUR

Cette construction implique des travaux relativement importants et elle ne se justifie que si la maison est dépourvue de cheminée. Car une cheminée équipée d'un foyer ou d'un insert peut faire office de barbecue si, par exemple, on décide de cuire quelques grillades en hiver.

Un four à pain, utilisé porte ouverte, fait aussi un parfait barbecue d'intérieur.

Si on préfère construire un vrai barbecue à l'ntérieur de la maison, il faut prendre toutes les précautions nécessaires pour évacuer la fumée (il faut donc un conduit) et protéger les abords immédiats de cette construction, c'est-à-dire le mur d'appui et le dessous contre les effets de la chaleur.

Pour protéger les côtés, de petites surélévations en briques pourraient suffire, mais elles ne peuvent pas assurer un bon tirage : vous devrez donc monter des parois latérales jusqu'à un avaloir qui sera placé au-dessus et raccordé à un conduit de fumée.

## Le choix de l'emplacement

Un conduit de fumée étant nécessaire, il vaut mieux appuyer le barbecue contre un mur pignon. De cette façon, le conduit sera construit à l'extérieur, sinon, il faudra percer le plafond, traverser les combles et la toiture : le coût de ces travaux est disproportionné pour un simple barbecue. Il vous faudra aussi amener de l'air frais au foyer. Là encore, il est préférable d'aller au plus court.

## L'isolation contre la chaleur

Dans un local fermé, la chaleur s'évacue beaucoup moins vite qu'à l'extérieur. Elle peut alors dégrader le mur d'appui s'il comporte des matériaux sensibles, comme le carton qui recouvre les plaques de plâtre et/ou un isolant en polystyrène expansé qui fond à partir d'une température de 90 °C.

■ Quatre éléments sont à traiter.

**La sole foyère.** Il est important de réaliser un plateau isolant constitué d'une dalle porteuse en béton armé épaisse de 5 cm, recouverte d'une même épaisseur de béton isolant à base de Vermiculite (voir page 20), sur laquelle seront scellées les briques réfractaires.

**L'isolation du mur d'appui.** Même si ce mur est en matériaux incombustibles et résistants au feu comme des pierres ou des parpaings, il vaut mieux l'isoler.

À défaut, les tensions entre cette zone surchauffée et les parties froides qui l'entourent (surtout en hiver) peuvent faire apparaître des fissures dans le mur. Cette isolation se fait selon la nature du mur.

◆ Mur incombustible : doublage en appui contre le mur avec des carreaux de béton cellulaire épais de 5 cm et une lame d'air de

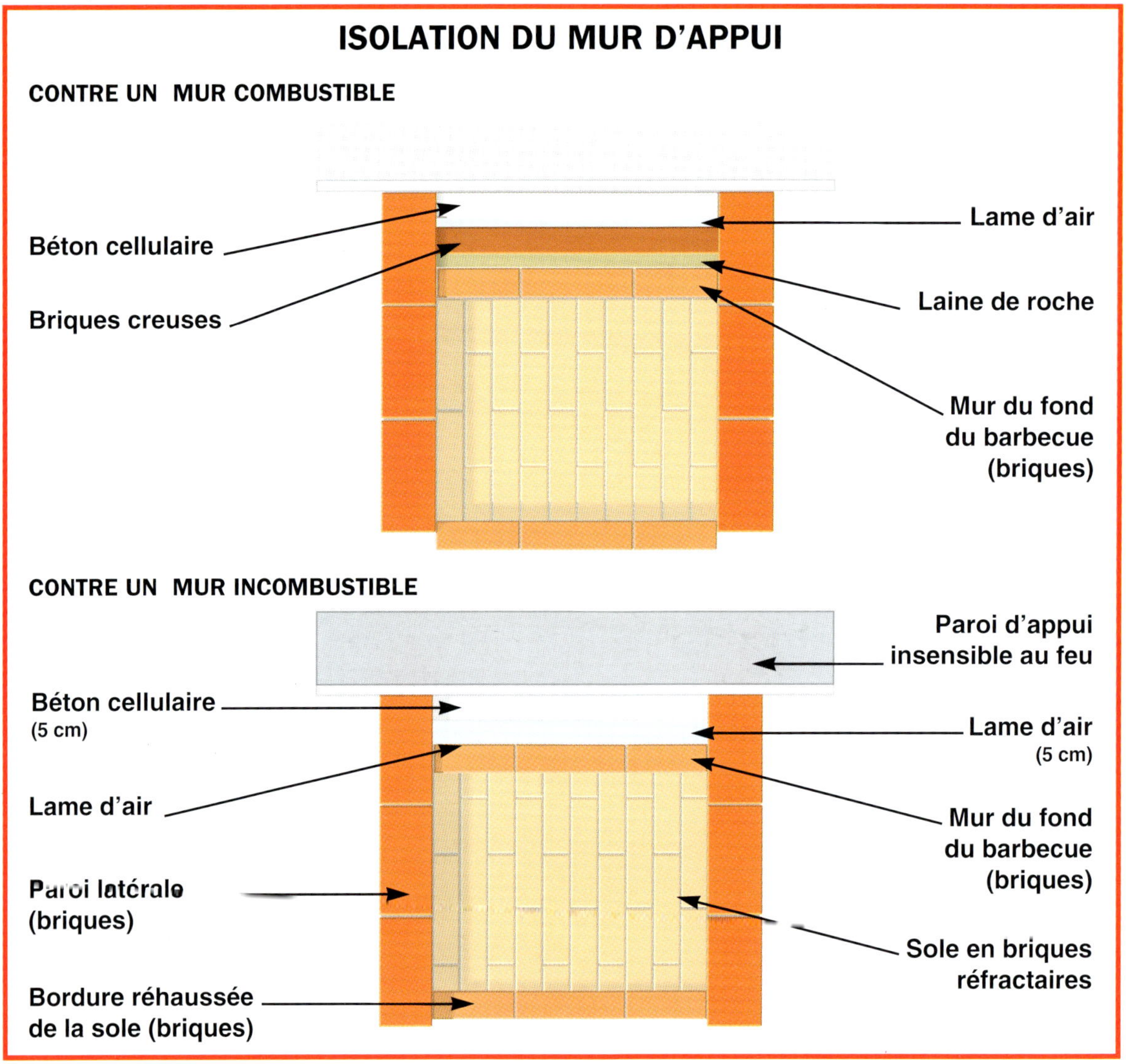


même épaisseur séparant le fond du foyer construit en briques réfractaires posées à plat.

◆ Mur sensible : doublage en béton cellulaire comme ci-dessus, mais renforcé par une paroi en briques plâtrières et une couche de laine de roche avec parement en aluminium, avant de monter le fond du foyer avec les briques réfractaires.

**La traversée du mur par le conduit de fumée.** Le mieux est d'utiliser des boisseaux avec isolant incorporé qui seront scellés au mortier bâtard (dosage : 5 kg de ciment gris,

5 kg de chaux hydraulique pour 25 litres de sable) et non pas au plâtre.

**Le raccord entre la sortie de l'avaloir** doit être placé au-dessus du foyer et le conduit de fumée. Il se fait avec un tuyau coudé. Celui-ci doit être isolé en le ceinturant avec de la laine de roche doublée par une feuille d'aluminium.

■ Il faut aussi prévoir...

◆ Des fourreaux et des grilles obturables pour amener de l'air frais au foyer.

◆ Un avaloir avec volet obturateur. Cet accessoire est indispensable pour régler le tirage et fermer le conduit de fumée quand le barbecue n'est pas utilisé. Cela évite que l'air froid ne descende dans la cuisine ou que le conduit n'aspire l'air chaud de la pièce.

## La protection contre le froid

Elle concerne le conduit de fumée extérieur, car si celui-ci est trop froid, le tirage sera inexistant et les fumées stagneront dans la pièce. De plus, de la condensation se formera sur les parois intérieures, avec formation de bistre. Le conduit extérieur doit donc être construit avec des boisseaux en terre cuite avec isolant incorporé.

## Le conduit de fumée

Il doit respecter les règles imposées pour assurer un bon tirage, c'est-à-dire qu'il doit être droit et vertical, déboucher à 40 cm

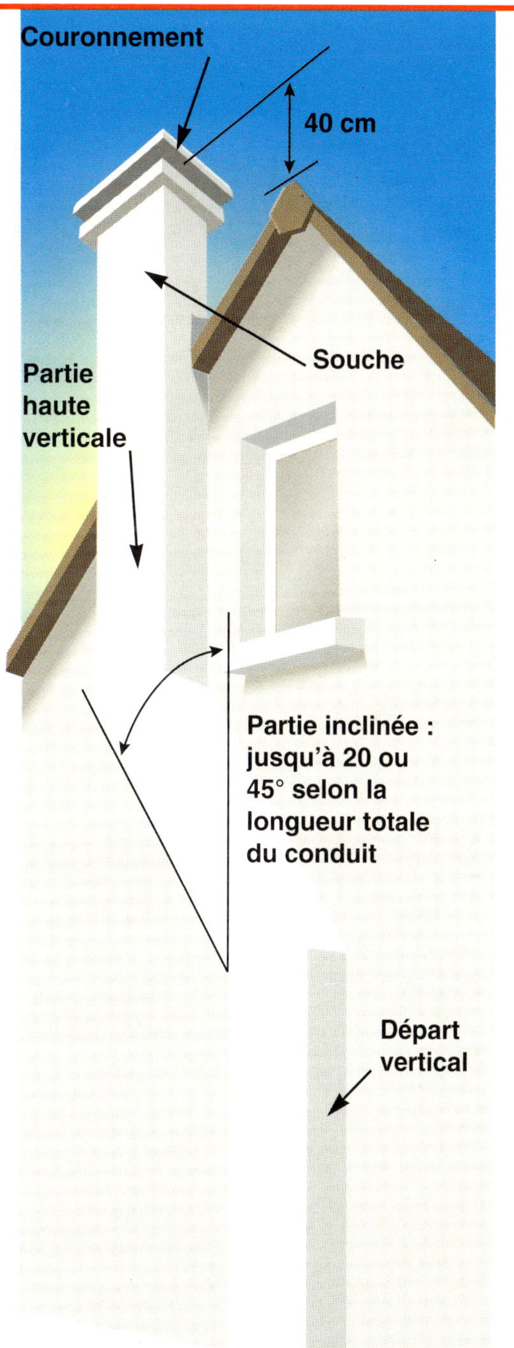


LE CONDUIT DE FUMÉE

## RÉALISATION DU CONDUIT DE FUMÉE ACCOLÉ À L'EXTÉRIEUR SUR CONSOLE

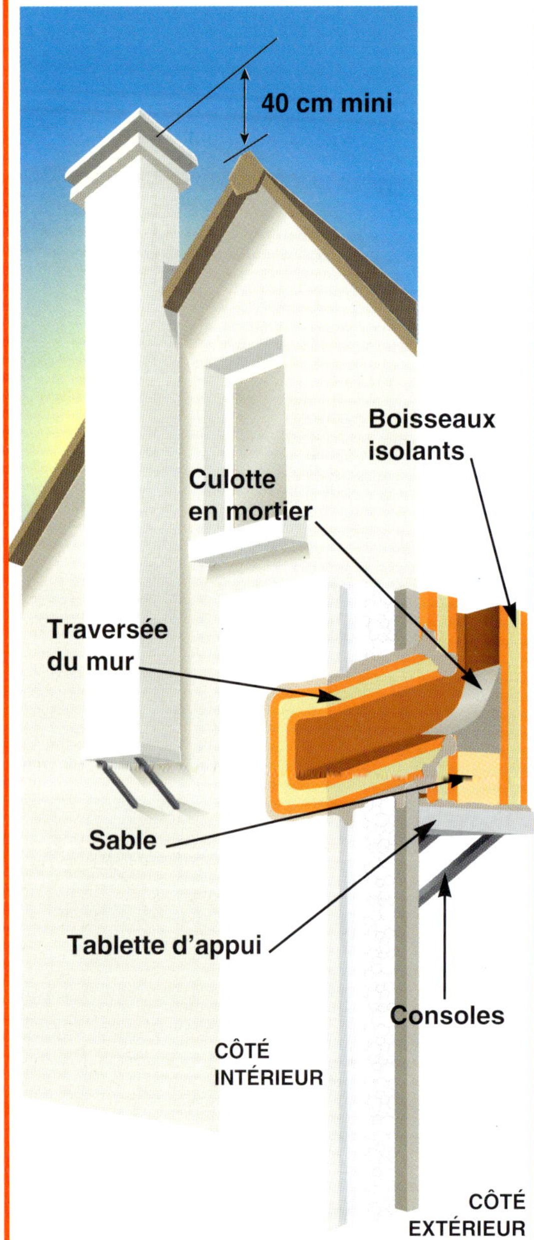


au minimum au-dessus du faîte de la toiture. Si le pignon comporte une ouverture qu'il faut contourner, il est possible de le dévoyer en incluant une partie inclinée entre le départ et l'arrivée qui, eux, seront toujours verticaux. Cette inclinaison est limitée à 20 ° si la longueur est supérieure à 5 m et à 45 ° si elle est inférieure à 5 m.

Comme il est important d'assurer un excellent tirage, la section intérieure des boisseaux sera ici de 20 x 40 cm ou 30 x 30 cm.

Les boisseaux doivent être posés avec leur partie mâle vers le bas et scellés au mortier de ciment gris CPJ 45 (un sac, soit 50 kg, pour 160 litres de sable) ou de mortier bâtard comme indiqué plus haut. L'ensemble recevant ensuite un enduit de protection.

Au sommet, la souche doit être coiffée par un couronnement qui protégera le conduit contre la pluie.

Pour des raisons d'esthétique, il est préférable de construire le conduit à partir du sol (les boisseaux compris entre la base et le vrai départ du conduit n'ont pas besoin d'être isolés). Par contre, il est nécessaire de les remplir de sable et de créer une « culotte » en mortier au niveau du raccordement de la sortie de l'avaloir du barbecue pour empêcher l'accumulation de la suie dans cette partie basse inutilisée. Au lieu du sable, on peut les laisser vides, mais il faut alors placer une trappe de visite à leur base pour pouvoir éliminer les dépôts de suie.

## À PARTIR DU SOL

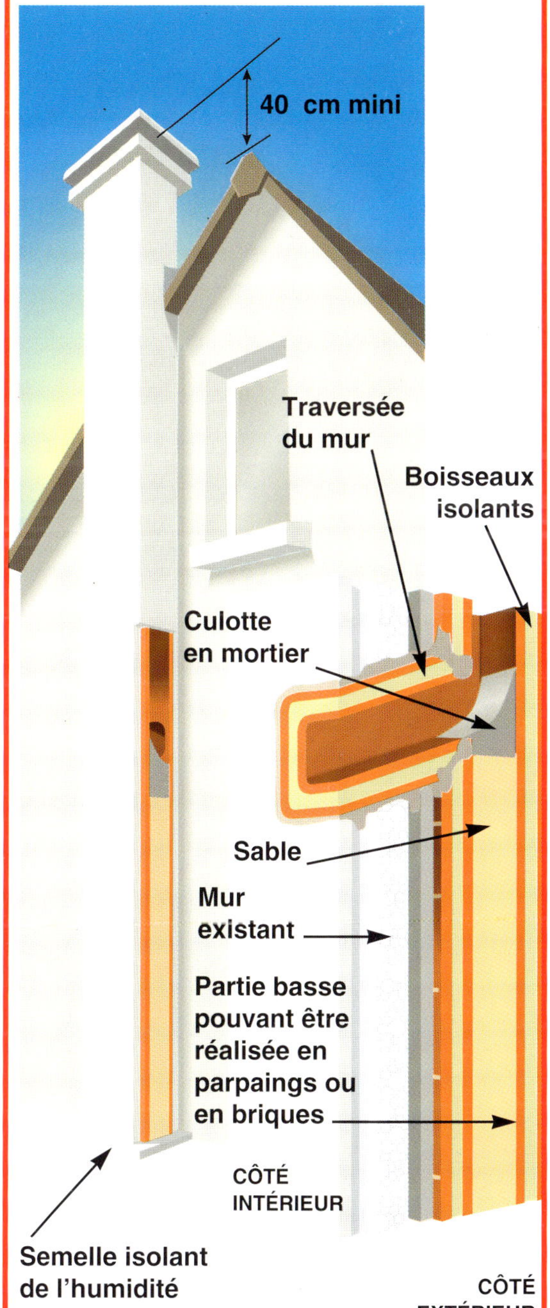


## SENS D'EMBOÎTEMENT DES BOISSEAUX

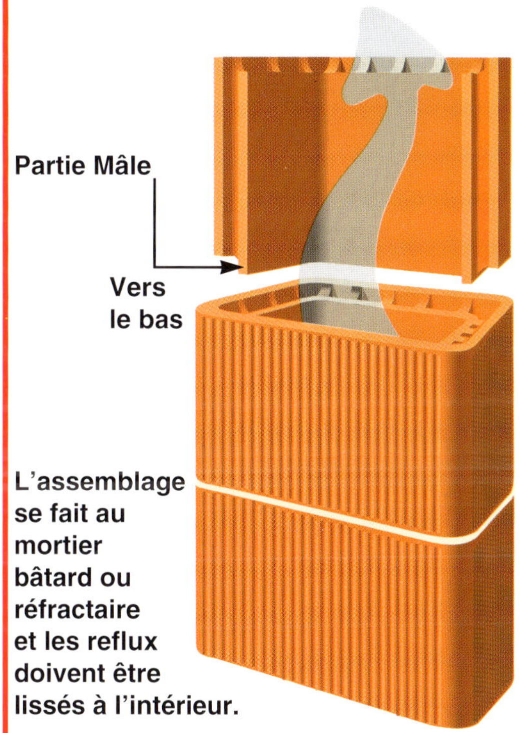


## AMORCEZ LE TIRAGE

Par temps brumeux ou lorsqu'il fait froid, l'air contenu dans un conduit de fumée avant le départ du feu se comporte comme un bouchon. Seule une bouffée d'air chaud peut le soulever. Avant d'allumer votre barbecue en hiver, faites flamber (sans excès toutefois) quelques morceaux de papier ou de carton pour produire momentanément une chaleur assez vive.

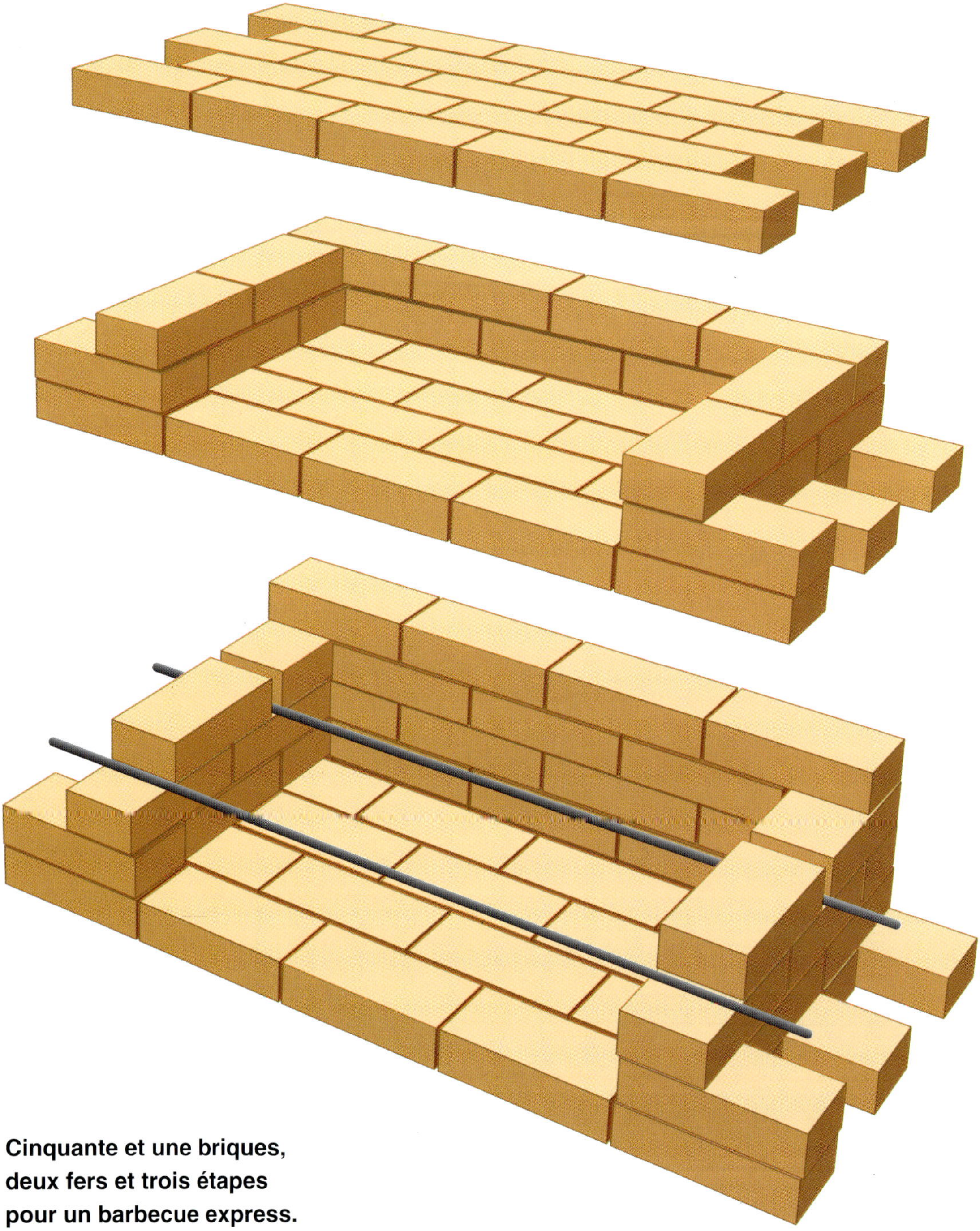

**Cinquante et une briques, deux fers et trois étapes pour un barbecue express.**

# Barbecues de briques… et de broc

**Sans faire dans le chic ou le définitif, on peut mettre sur pied(s) un barbecue tout simple, rapide à installer ou à monter, mais toujours à moindres frais. Il suffit pour cela d'être un peu bricoleur…**

Avoir l'envie soudaine de faire des brochettes, des côtes d'agneau ou des gambas cuites à la braise pour le repas de dimanche midi alors que l'on est déjà samedi et qu'il n'y a pas de barbecue ni de cheminée à la maison, le problème n'est pas insurmontable.

Si vous avez quelques briques mais pas de mortier ou un bidon en tôle vide (mais propre !), un réservoir de chauffe-eau électrique hors d'usage, ou encore une grande coupe en terre cuite, vous pouvez réaliser, plus ou moins facilement, un barbecue à peu de frais.

Il est encore temps d'acheter les quelques matériaux nécessaires.

## UN BARBECUE EN BRIQUES NON SCELLÉES

Pour réaliser ce barbecue, il vous faut :

- 51 briques ordinaires, voire quelques mulots perforés (mais on peut s'en passer) ;
- 2 ou 3 fers à béton rond de 90 cm ou de 1 m de longueur ;
- un gril en tiges d'acier inoxydable ou la grille d'un four de cuisine ;
- une pelle et un râteau pour préparer le sol.

### Le montage

Ce barbecue express se monte à même le sol. Choisissez d'abord un bon emplacement

**Exemple de barbecue express en briques non scellées.**

en tenant compte du vent pour que les fumées ne soient pas rabattues vers la maison ni vers le salon de jardin ou le lieu des festivités. Déterminez ensuite son orientation pour que le vent n'arrive pas de face ni de dos mais de trois quarts sur l'un des côtés.

Une surface bien plane et horizontale de 60 cm x 1,20 m suffit. Au besoin, dégagez-la à l'aide d'une pelle et égalisez-la avec le râteau. Damez le sol au pied pour le stabiliser.

Sur le sol ainsi préparé, disposez cinq rangées de briques posées à plat et serrées les unes contre les autres, soit cinq briques pour les 1er, 3e et 5e rangs et quatre briques pour les 2e et 4e rangs. Décalez-les pour croiser les joints. Posez ensuite, sur les côtés et le fond, deux rangées de briques placées à joints croisés.

## RAPPEL SÉCURITÉ

N'allumez pas et ne ravivez pas votre feu avec de l'alcool (à brûler ou autre), de l'essence, du pétrole ou tout autre produit facilement inflammable. Utilisez des produits spéciaux pour barbecue.

Sur chacun des côtés, posez deux briques non jointives et surélevez le fond par deux autres rangées de briques. Posez les fers à béton comme indiqué sur le dessin page 68 : votre barbecue est prêt désormais à recevoir son premier feu.

■ **Pour la cuisson,** le gril rond ou rectangulaire sera posé sur les fers qui ne servent que de support. En plaçant ceux-ci sur le 2e ou le 3e rang de briques, on fait varier la hauteur de la grille par rapport aux braises pour avoir une cuisson plus ou moins vive.

Si vous êtes perfectionniste, vous pouvez remplacer les briques pleines des 2e et 3e rangs latéraux par des briques ou des mulots perforés posés sur chant. Vous pourrez ainsi, en passant les fers à béton dans les trous, ajuster plus finement la hauteur du gril. Dans ce cas, utilisez des fers à béton plus longs de façon à pouvoir les manipuler en les prenant par leurs extrémités, qui dépasseront largement.

## UN BARBECUE « BIDON »

Récupérez un fût métallique n'ayant pas contenu de produits toxiques. Un vieux fût à essence peut faire l'affaire, mais nettoyez-le bien à la brosse avec du détergent.

Coupez le bidon en deux dans le sens de la longueur avec une meuleuse équipée d'un disque à tronçonner.

**Attention !** Videz-le de son contenu et rincez-le à l'eau avant de le couper car s'il

### LE STYLE FEU DE CAMP

C'est interdit dans la nature et surtout en forêt, mais possible dans un coin de votre jardin. Dégagez le sol pour mettre la terre à nu et creusez, à une profondeur de 10 à 15 cm, une surface carrée de 50 cm de côté. Bordez le trou sur trois côtés avec des pierres, quelques briques... ou des jardinières en terre cuite. Si la terre est légèrement humide, étalez une couche de sable dans le fond avant d'y faire un bon feu de bois pour le remplir de braises.

**Le barbecue « bidon » peut-être posé à même le sol ou être équipé de pieds.**

reste des vapeurs de produit inflammable à l'intérieur, une simple étincelle pourrait provoquer une explosion entraînant des dégâts plus ou moins graves.

Ébarbez soigneusement les coupes à la lime ou avec une ponceuse. Dans le fond du demi-bidon, sur toute la longueur, percez une rangée de trous de 8 ou 10 mm de diamètre, espacés de 5 cm environ. Ils vous serviront à évacuer les eaux de pluie au cas où vous laisseriez votre réalisation dehors. Vous pouvez utiliser l'un des demi-bidons de deux façons :

- posé à même le sol et calé avec des pierres, c'est simple et immédiatement utilisable ;
- en l'équipant de pieds réalisés avec des fers plats (rivés, soudés ou boulonnés sur les côtés) ou des fers ronds (soudés ou maintenus par des pattes rivées ou boulonnées).

Avant de le mettre en service, décapez bien la rouille au grattoir et à la brosse métallique, puis passez l'intérieur au chalumeau à gaz ou culottez-le en y faisant une flambée.

Pour une utilisation immédiate, ce nettoyage suffit, mais si vous voulez l'embellir et le protéger, traitez-le avec un produit antirouille à base d'acide phosphorique, rincez abondamment et peignez l'extérieur avec une peinture noire « haute température » en aérosol.

Pour l'intérieur, préférez plutôt, après le traitement antirouille, un passage au chalumeau suivi immédiatement d'une application d'huile alimentaire sur le métal encore chaud.

■ **Avant de mettre ce barbecue en service,** étalez une couche de sable sec sur le fond sur lequel vous allumerez votre feu. Le sable fera une bonne assise pour les braises.

## UN BARBECUE DE TABLE

Voici une manière plaisante de faire participer vos invités à la cuisson de leurs grillades sans qu'ils aient à quitter leur place à table. C'est plus rustique que les barbecues de table électriques, mais les aliments y gagnent en saveur car ils s'imprègnent de l'odeur des braises.

**Attention !** Ce système n'est possible qu'à l'extérieur.

Utilisez de grandes coupes à fleurs en terre cuite. Assurez-vous qu'elles ne sont pas fêlées en les frappant légèrement avec un morceau de bois : elles doivent alors rendre un son clair.

Bouchez le trou du fond avec des tessons de pot ou un caillou plat et étalez 5 cm de sable sec. Du sable pour aquarium peut être utilisé sans crainte et de préférence, car on est certain qu'il n'est pas souillé par des résidus ou les visites des chats.

■ **Au moment de l'utilisation,** remplissez chaque coupe de braises bien rougeoyantes issues d'un feu de bûches ou de charbon de bois fait à part.

Recouvrez-les d'un grillage à poule et posez-les sur la table sur des dessous-de-plat isolants, en liège par exemple.

**Barbecue de table dans une grande coupe à fleurs.**

# Le barbecue tout feu tout flammes

**Quand des aliments cuisent sur un lit de braises, celles-ci les imprègnent de leur fumet. Pour la cuisson au barbecue, le combustible est l'un des principaux ingrédients des recettes, donc des saveurs.**

## DU BOIS ET DES BRAISES

Pour cuire des aliments au barbecue, il faut d'abord des braises, beaucoup de braises. Il y a deux façons de les obtenir : avec du charbon de bois ou avec des bûchettes. Certains bois en donnent de chaleureuses alors que d'autres se réduisent en cendres au fur et à mesure qu'ils brûlent. De plus, il faut que ces braises ne dégagent ni émanations toxiques ni mauvaises odeurs : le fumet est ici essentiel. C'est ainsi qu'une essence utilisée pour un feu de cheminée ne convient pas forcément pour un barbecue.

### Le charbon de bois

Ce combustible connu de tous existe en diverses qualités. Autrefois on utilisait le premier charbon de bois venu, même du brut sorti du four et fait avec n'importe quel bois. Aujourd'hui, seuls les charbons épurés et répondant aux exigences de la norme NF B 55-101 peuvent être utilisés pour la production des braises dans un barbecue. Tous les autres, même s'ils dégagent plus de chaleur, sont bons pour les forges ou pour entretenir des feux dans une cheminée de salon.

Le charbon de bois pour les barbecues est traité pour éliminer les résidus riches en soufre, les goudrons et les carbures aromatiques, tels les phénols, imbrûlés au moment de sa fabrication. Lors de la combustion dans le foyer, ces produits dégagent de mauvaises odeurs et des fumées légèrement toxiques qui imprègnent les aliments en cours de cuisson.

À l'achat, il faut donc veiller à la qualité et à la destination prévue du charbon de bois.

**Une large coupelle en fonte remplie de braises incandescentes fait office de barbecue de table… extérieur.**

Mais si vous allez dans une jardinerie, un super ou un hypermarché et non pas chez un négociant en matériaux ou en « Bois & Charbon », vous n'aurez sans doute aucun choix à faire car tous les sacs sont généralement étiquetés « Spécial barbecue ». Vérifiez quand même que la conformité à la norme est clairement indiquée sur l'emballage.

**CHARBON FRAGILE**

Le charbon de bois est un produit fragile. En s'entrechoquant, les blocs se brisent et ils se réduisent partiellement en poudre si on les écrase ou par friction entre eux. Le poussier ne sert à rien, c'est même un « étouffe-feu ». Donc, manipulez les sacs pleins ou entamés avec soin, ne posez rien de pesant dessus et ne les brutalisez pas, en les jetant au sol par exemple.

# LE BOIS

Il y en a d'excellents, d'autres à éviter parce qu'il brûlent mal ou ne donnent pas de braises, et ceux qu'il vaut mieux fuir comme la peste parce qu'ils produisent des émanations désagréables (pensez au fumet !).

## Les bois interdits

Ce sont ceux qui ne peuvent amener que des déboires parce que le feu qu'ils donnent va couver sans chauffer ou, au contraire, va être d'abord superbe puis réduit en cendres en très peu de temps, ou va produire des fumées malodorantes ou toxiques.

- **Le cerisier** et, en général, les arbres fruitiers à noyau brûlent mal (on utilise le cerisier pour faire des fourneaux de pipe !).
- **Le marronnier** (à ne pas confondre avec le châtaignier) qui brûle très mal et est, de plus, d'odeur désagréable.
- **Les bois verts ou humides.** Ils sont difficiles à enflammer, dégagent peu de chaleur mais beaucoup de fumée, donc de la suie et du goudron, toxiques.
- **Les bois secs couverts de champignons, de lichens ou de plaques de moisissures.** Les odeurs et la fumée qu'ils dégagent en brûlant infecteraient vos aliments.
- **Les bois de récupération**, imbibés de graisses, de salissures, peints ou vernis. Les odeurs qu'ils produisent quand ils sont en

flammes suffisent, d'ailleurs généralement, à faire renoncer à leur emploi.

■ **Les bois traités** (chutes de bois de construction par exemple). Ils sont, eux, franchement empoisonnés et les résidus dégagés par les produits de traitement qui les imprègnent le sont plus encore.

■ **Les pommes de pin.** Elles brûlent si bien qu'on éprouve du plaisir à les voir se consumer. On pourrait les utiliser pour l'allumage mais il vaut mieux les éviter car elles ont trop souvent tendance à éclater ou à sauter hors du feu si elles ne sont pas parfaitement sèches. Ces projections incandescentes peuvent provoquer des brûlures sur les vêtements et la peau, ou enflammer des herbes sèches aux alentours du barbecue.

## Les bois « complices »

Ce ne sont pas les meilleurs pour mener à bien une belle cuisson, mais ils ont l'avantage de lancer le feu très rapidement et de permettre un allumage facile.

■ **Le pin et le sapin.** Ces bois résineux brûlent plus rapidement que les bois de feuillus mais ils ont l'inconvénient de projeter des escarbilles et de dégager en brûlant des hydrocarbures aromatiques dangereux s'ils restent en contact avec les aliments. Leur emploi doit donc se cantonner à la mise en route du feu : il vaut mieux les proscrire pour la cuisson.

**Des bûches incandescentes placées dans le fond complètent la cuisson au-dessus des braises.**

■ **Le peuplier** et son cousin **le tremble**. Ils brûlent bien mais trop vite et ne laissent pas de braises. Utilisez-les pour l'allumage, surtout s'ils se présentent sous forme de cageots (c'est, avec les boîtes à camembert et la fabrication des allumettes, l'un de leurs principaux usages), ou pour relancer le feu.

■ **Le tilleul.** Il brûle presque aussi vite que le peuplier et fournit peu de braises. On pourrait s'en servir simplement pour l'allumage, mais vu qu'il dégage en brûlant un fumet très particulier, on peut aussi l'utiliser pour la cuisson. Seul inconvénient : il faut en faire brûler une grande quantité pour obtenir un lit de braises suffisant.

■ **Le châtaignier.** Contrairement au marronnier, il brûle bien mais ne donne pas beaucoup de braises. Il n'est pas mauvais, sans être excellent pour autant.

■ **Le saule** (pleureur, grisard…). Comme le précédent, ce n'est pas un très bon producteur de braises, mais il peut être utilisé à défaut d'autres bois.

■ **Les brindilles.** Elles doivent être saines et bien sèches et ne peuvent servir qu'à l'allumage

## Les bons bois

Ce sont ceux qui donnent de belles braises qui restent longtemps incandescentes, condition essentielle pour assurer une cuisson régulière, sans coups de feu ni refroidissements passagers. S'y ajoutent ceux qui apportent leur parfum.

■ **Le bouleau.** Il est très apprécié pour la cuisson à feu vif.

■ **Le chêne** et **le charme**. Ce sont les rois des bois de chauffe et ils sont aussi les plus appréciés pour les barbecues.

■ **Le frêne, le hêtre** et **l'érable**. Un peu moins performants que les deux précédents mais excellents tout de même. Le frêne a aussi l'avantage de pousser vite et de produire des branches basses qu'il faut couper et qui donnent des bûchettes d'un diamètre idéal pour le foyer d'un barbecue.

■ **Le pommier, le poirier** et **le noisetier.** Ce ne sont pas les meilleurs, mais ils donnent suffisamment de braises et dégagent un fumet, qui, s'il n'a pas l'odeur de pomme, de poire ou de noisette, est très agréable.

■ **Les sarments de vigne.** C'est le combustible mythique de la cuisine au barbecue, non pas pour les braises qu'il fournit, ni pour la tenue du feu, mais surtout pour l'arôme qu'il confère aux aliments. Comme le charbon de bois, les sarments sont vendus en sac, mais souvent à un prix élevé. Il faut, en fait, ne pas les utiliser seuls mais en accompagnement avec du charbon de bois ou un autre bois. Ceux-ci assurent alors le lit de braises et les sarments, posés dessus juste avant la cuisson, s'enflammeront puis se consumeront en libérant leur fumet.

### SARMENTS NON TRAITÉS

**Attention !** Seuls sont utilisables les sarments provenant de vignes non traitées. Les traitements habituels, souvent massifs, à base de sulfate de cuivre (la fameuse bouillie bordelaise) laissent des traces pulvérulentes blanc bleuté sur l'écorce. Le feu détruit ce produit qui est un poison, mais les émanations produites (composés et oxyde contenant du soufre et du cuivre) ne le sont pas moins.

**Les bûches stockées au sec devront être fendues et coupées avant d'alimenter le foyer du barbecue.**

# LA PRÉPARATION DU BOIS

Pour l'utilisation intensive d'un barbecue, c'est le bois qui assure les cuissons les moins coûteuses. En contrepartie de ces économies, il faut prévoir, et donc préparer et maintenir, un stock de bon(s) bois sec(s).

Si vous n'utilisez votre barbecue que de temps à autre, il est inutile de vous imposer une « corvée » de bois : mieux vaut avoir recours à des sacs de charbon de bois ou à du petit bois et des bûches achetées en petite quantité sous filet. Un conseil cependant, mieux vaut les acheter à l'avance et les entreposer dans un endroit sec. Il arrive trop souvent que les sacs aient été entreposés dehors sans protection : leur contenu est alors trop humide pour brûler correctement.

■ **Pour l'allumage et pour redonner un coup de fouet au brasier,** préparez et stockez des brindilles, des sarments et du petit bois. Toutes les coupes faites en hiver ou au début du printemps sur les arbres fruitiers et les arbustes d'ornement (dont les rosiers) peuvent en fournir beaucoup : il vaut mieux les mettre de côté pour les grillades plutôt que de les entasser et les transformer en fumée qui incommoderont le voisinage.

■ **Pour produire des braises,** préparez des bûchettes de 5 à 8 cm de diamètre ou des bûches refendues pour obtenir à peu près la même grosseur. Leur longueur sera de 16 à 20 cm, soit trois tronçons dans des bûches de 50 cm de long, ou cinq dans des bûches de 1 m si vous les débitez dans du bois de chauffage que vous vous ferez livrer.

Ces coupes peuvent être faites de deux façons :

◆ d'abord à la hache pour fendre les grosses bûches, puis avec une scie égoïne (manuelle ou électroportative) ou une scie sauteuse équipée d'une longue lame pour débiter les morceaux à la bonne longueur ;

◆ en coupant les bûches avec une tronçonneuse, en morceaux de 16 à 20 cm que vous refendrez ensuite si leur diamètre est trop important.

### ÉVITEZ LES PANNES

Une journée barbecue ne doit pas être ternie par des problèmes d'intendance. Pour ne pas manquer de bois, préparez-en et stockez-en suffisamment pour ne pas vous trouver sans rien en cours de grillade. Ce risque peut être pallié par un ou deux sacs de charbon de bois qu'il faut toujours avoir en réserve. Mais dépêchez-vous de reconstituer votre stock de bois avant le prochain barbecue.

## LE STOCKAGE

Le bois destiné au barbecue doit être bien sec, plus que pour un feu de cheminée, car il doit s'enflammer rapidement et ensuite brûler sans produire de fumée chargée de suie et de vapeur d'eau. Les règles à respecter pour le séchage sont toujours les mêmes : il suffit de laisser le bois coupé en plein air à l'abri de la pluie, pendant au moins deux ans.

Pour alimenter un barbecue pendant une saison, le stock à constituer n'est pas aussi important que pour une cheminée : un stère (unité volumique égale à 1 $m^3$ qui sert à mesurer les bois de chauffage) peut suffire. En partant de cette base, c'est à chacun de voir, en fonction de la première année d'utilisation, s'il en faut plus ou moins.

### Le stockage à l'extérieur

Dans tous les cas, le bois doit être entreposé sous abri et ne doit pas être posé à même le sol pour éviter qu'il se charge d'humidité et qu'il pourrisse. Plusieurs solutions sont possibles :

◆ un berceau en tube d'acier que vous coifferez avec une bâche ;

◆ une clayette à parpaings posée au sol et encadrée de quatre piquets qui supporteront la bâche de protection ;

◆ un solide carré de grillage soudé servant à armer les chapes en béton, posé sur des rangs de briques ou de parpaings en remplacement de la clayette, mais avec les piquets et la bâche ;

◆ un auvent accolé à la maison ou à un mur, en plaçant, si nécessaire, une bâche ou une paroi en planches sur les côtés exposés aux pluies dominantes ;

◆ un abri de jardin bien ventilé… c'est plus chic mais c'est plus cher.

### Le stockage à l'intérieur

Cette solution est possible si la maison est assez grande et possède une remise, une cave ou un grenier… C'est évident ! Mais, là encore, le bois ne doit pas être posé directement au sol. Il ne faut pas non plus qu'il soit dans une atmosphère trop humide. C'est ainsi que la cave est généralement à proscrire, surtout si des vins fins y sont entreposés : les parasites du bois peuvent s'attaquer aux bouchons des bouteilles ! Alors, mieux vaut choisir le garage, la remise ou le grenier qui est généralement l'endroit le plus sec.

> **SENTEZ AVANT D'ACHETER**
>
> Les allume-feu pour barbecue peuvent aussi être utilisés pour les feux de bois ordinaires, mais c'est du gâchis car ils sont plus chers que les produits à base de pétrole. Normalement, l'indication « Pour cheminée et barbecue », qui figure sur l'emballage de certains allume-feu, devrait être l'assurance que l'on a affaire à des produits raffinés et sans odeur. Ce n'est pas toujours le cas et il vaut mieux humer ces allumeurs pour s'assurer qu'ils ne sentent pas le mazout, car même ceux étiquetés « Spécial barbecue » sont parfois malodorants.

## LES PRODUITS D'ALLUMAGE

Utiliser un bon combustible est essentiel pour bien cuire et parfumer les grillades, mais il faut aussi veiller à bien l'allumer, c'est-à-dire à le faire en toute sécurité et sans risquer de communiquer de mauvaises odeurs aux aliments.

Le papier journal froissé est l'un des moyens les plus économiques. Il sert pour enflammer du petit bois qui, à son tour, mettra le feu à du charbon de bois ou à des bûchettes.

Si l'on rechigne à faire ces manipulations, il faut alors employer des produits dits allume-feu, mais pas n'importe lesquels, car ceux destinés aux feux de bois des cheminées sont à base de produits tirés du pétrole. Leur odeur de mazout est tenace et se répand dans le brasier puis imprègne les aliments.

Ces produits se présentent principalement sous deux formes.

Liquides ou solides, les allume-feu pour barbecue sont exempts d'odeur de pétrole.

■ **Les allume-feu solides.** Ce sont soit des plaquettes de paraffine enveloppées de Cellophane, soit des agglomérés de fibre de bois imprégnés d'un produit combustible inodore.

Ces derniers ont parfois la forme d'un gros bâtonnet avec un embout qu'il faut gratter pour les enflammer, comme on le fait avec les allumettes.

Leur utilisation est simple : il suffit de placer quelques plaquettes après les avoir allumées (sans retirer leur enveloppe de protection) sous le bois préalablement empilé ou de les glisser au milieu du tas de charbon de bois. Quelques coups de soufflet bien dosés activent la combustion et permettent au feu d'embraser tout le combustible mis en place.

■ **Les allume-feu liquides.** Il faut, ici, bien faire la distinction entre tous les liquides qui sont susceptibles de brûler. Dire qu'**il ne faut surtout pas utiliser d'essence, de pétrole ou d'alcool** paraît être une évidence. Il ne faut pas non plus jeter de l'huile sur le feu. Pourtant, tous les ans ces mêmes imprudences se répètent et de joyeuses fêtes se transforment en drames.

Les allume-feu liquides sont soigneusement élaborés pour éviter ces catastrophes,

## LIQUIDES INFLAMMABLES = DANGER !

Pour allumer ou raviver un feu, bannissez tous les produits qui sont à la fois inflammables et volatils. Leur forme liquide est toujours entourée de gaz invisible qui se combine avec l'air ambiant pour former un mélange explosif dès qu'une certaine température est atteinte. Celle-ci, appelée « point éclair », est de l'ordre de 50 à 60 °C pour des produits comme l'essence ou l'alcool.

Elle est facilement atteinte, voire dépassée, au-dessus des braises, même apparemment éteintes. La flamme remonte alors instantanément le long du jet et embrase la bouteille que l'on tient alors en main.

L'huile, même alimentaire, ne doit pas non plus servir à raviver les braises. Elle n'explose pas, mais elle se répand très vite sous l'effet de la chaleur et produit de grandes flammes qui sont, le plus souvent, difficiles à contrôler. Le feu peut se communiquer à tout ce qui entoure le foyer. De plus, un feu d'huile ne peut pas s'éteindre avec de l'eau. Cette dernière a même un effet contraire en facilitant la propagation de l'huile en feu. Il faut alors l'étouffer avec des couvertures humides ou en le recouvrant de terre ou de sable.

Les allumeurs liquides ne dégagent pas de vapeur à la température ambiante et ne se volatilisent pas au contact des braises. Ils ont une température de point éclair très élevée qui évite tout embrasement explosif et ils brûlent lentement sans faire de grandes flammes.

car ils ne produisent pas de gaz explosifs comme le font les autres liquides très volatils.

Leur utilisation est la plus simple qui soit : il suffit d'asperger le bois ou le charbon de bois, d'attendre quelques minutes pour que le produit s'imprègne, puis d'allumer et d'activer doucement avec le soufflet.

Ce type de produit peut aussi être utilisé sans risque pour asperger un feu qui couve afin de le réactiver : opération qu'il est strictement interdit de faire avec de l'alcool, du pétrole, de l'essence ou de l'huile sous peine de brûlures graves, voire d'explosions.

### L'ART DE MANIER LE SOUFFLET

Il n'est pas nécessaire d'avoir recours à des produits spécifiques pour allumer ou raviver un feu. Le soufflet est un accessoire parfait pour cette opération. Encore faut-il savoir le manier, car certains s'en servent comme s'ils devaient entretenir un feu de forge.
La première précaution à prendre est de ne pas placer l'extrémité de l'embout de soufflage au milieu des braises ni même trop près : en actionnant le soufflet, des escarbilles pourraient rentrer dedans quand il est en phase d'aspiration. Ensuite, il faut l'actionner doucement, juste pour apporter l'air nécessaire pour activer la combustion.
Ce qu'il ne faut surtout pas faire : souffler trop violemment ! Les braises sont alors expulsées et le foyer se creuse au lieu de s'embraser. D'autre part, il y a dans ce cas projection d'escarbilles tout autour du barbecue, avec tous les risques de brûlure et d'incendie qui en découlent.

## LES PRÉCAUTIONS IMPÉRATIVES

Faire du feu à l'extérieur impose le respect de quelques règles élémentaires pour éviter tout incident.

Il suffit que des flammèches ou des escarbilles emportées par le vent ou tombant du foyer viennent au contact d'herbes sèches pour qu'un incendie se déclare. Donc, même si la fête est de mise, et surtout s'il y a une bonne ambiance autour du barbecue, il faut être très vigilant et prendre ces précautions pour que tout se passe bien.

- Si vous utilisez un barbecue mobile sur pieds ou sur roulettes, assurez-vous de sa stabilité.
- Maintenez les enfants éloignés, surtout les petits qui pourraient s'agripper sur l'appareil et ceux dont le visage arrive à hauteur du foyer.
- Ne tolérez aucun chien en liberté : il pourraient, en batifolant, renverser le barbecue.
- N'approchez pas d'un barbecue si vous êtes vêtu(e) d'habits facilement inflammables ou de vêtements flottants.
- Ne gardez aucun produit inflammable à proximité du foyer.

- En forêt, ne faites jamais de barbecue, que ce soit avec un appareil portable ou directement au sol entre quelques pierres. Cette remarque est aussi valable pour les zones couvertes d'herbes sèches.
- Ne faites jamais de feu ouvert à moins de 10 m d'une haie, d'un arbre, d'une tente de camping ou d'une voiture.
- Ne faites jamais de feu en plein air par jour de grand vent.
- Installez toujours le barbecue de façon à ce que les fumées et d'éventuelles flammèches aillent dans une direction dégagée.
- Pour les barbecues à combustible solide, n'utilisez que du bois et/ou du charbon de bois, du papier et des allumettes ou des produits d'allumage non dangereux.
- En cours de cuisson, ne versez jamais d'huile directement sur les aliments posés sur le gril.
- N'utilisez jamais un barbecue à combustible solide ou à gaz dans un local fermé.
- Ne laissez jamais votre barbecue allumé sans surveillance.
- Dégagez le sol autour (sur au moins 2 m) et sous le barbecue de toute substance inflammable (des herbes sèches par exemple).
- Ne déplacez jamais un barbecue allumé.
- Prévoyez toujours à proximité du foyer un seau d'eau avec une gamelle ou un tuyau d'arrosage branché afin d'éteindre le moindre début d'incendie qui pourrait se produire. La présence d'un extincteur à eau ou à poudre (le seul à utiliser sur des feux d'huile) est même recommandée.
- Après avoir fini d'utiliser le barbecue, éteignez le feu ou gardez-le sous surveillance. Étalez les braises et aspergez-les d'eau froide pour les éteindre.
- Si vous faites un feu à même le sol, éteignez les braises en les arrosant copieusement puis recouvrez-les de terre.
- Si malgré toutes vos précautions, un feu de broussailles ou autre se déclare et commence à prendre de l'ampleur, n'hésitez pas à appeler les pompiers. Gardez votre sang froid et continuez à combattre les flammes en attendant leur arrivée.
- Enfin, ayez toujours à proximité, un nécessaire à pharmacie pour soigner immédiatement les petites brûlures accidentelles.

## TROUSSE DE PREMIERS SECOURS

En cas de brûlure, même légère, il faut agir au plus vite. La partie lésée se traite d'abord en la maintenant sous un courant d'eau fraîche pendant plusieurs minutes. Il faut ensuite la maintenir humide et la protéger par un pansement qui ne doit pas sécher ni s'accrocher sur la lésion. Ajoutez dans votre trousse ou votre armoire à pharmacie quelques pochettes de tulle gras qui vous permettront de faire ce pansement d'urgence en attendant de consulter un médecin au plus vite.

BON DE BOIS EPURE

# Les accessoires

**Un barbecue portable à roulettes, ou un barbecue en dur n'est rien sans ses accessoires. Certains vous seront utiles pour l'entretien du feu, d'autres serviront pour la cuisson. Enfin, quelques-uns vous aideront pour le nettoyage.**

Pour nous offrir le meilleur d'eux-mêmes, les barbecues ne sauraient se passer d'accessoires. On peut ainsi les répartir en trois catégories distinctes : ceux qui servent à entretenir le feu ; ceux qui participent à la cuisson ; et enfin, ceux qui, quand tout est fini, s'activent au nettoyage. Pour toutes ces qualités, ils méritent une revue de détail.

## LES ACCESSOIRES DU FEU

Ils concernent les barbecues traditionnels fonctionnant avec des combustibles solides (le gaz et l'électricité se règlent du bout des doigts en agissant sur les boutons des brûleurs ou de leur thermostat).

Pour le feu de bois, qui est beaucoup plus capricieux, on a forcément besoin des accessoires de base de toute cheminée. Ils sont souvent regroupés sur un support appelé valet, celui-ci se déplaçant facilement sur le lieu d'utilisation.

■ **Le tisonnier**, droit ou terminé par un crochet ouvert, sert à tirer, pousser et remettre les bûches en ordre. On l'utilise également pour étaler et répartir les braises uniformément, avant de faire cuire les aliments.

■ **La pincette** est indispensable pour manipuler les morceaux de bois incandescents et pour replacer sur le brasier ceux qui s'en écartent. Elle sert aussi pour la cuisine quand on veut faire cuire des pommes de terre ou des marrons sous la cendre.

■ **La pelle à cendres** et **le balai** travaillent souvent ensemble et servent surtout pour le nettoyage. Mais ils peuvent être utiles quand le feu est en activité pour ramasser les petites

**Les braseros verticaux, à placer au fond du foyer, sont recommandés pour les cuissons à la broche. Ils sont plus spécialement destinés à recevoir du charbon de bois (à gauche) ou des bûchettes (à droite).**

braises qui s'échappent du brasier central, ou pour les remettre à leur place. Le balai doit, bien sûr, être monté avec des brins incombustibles et insensibles au feu. les meilleurs ont des « soies » en fil de laiton très souples.

■ **Le soufflet.** Dire qu'il est indispensable paraît une évidence. Il entre en scène dès l'allumage et sert ensuite à raviver les flammes quand la combustion marque une pose. Il est aussi utile pour relancer le feu quand on rajoute du bois ou du charbon de bois. Malgré sa simplicité d'utilisation, il demande à être manipulé avec doigté : il ne faut jamais approcher son embout souffleur trop près du feu et il ne faut surtout pas l'activer trop brutalement, sinon, son souffle chasse les braises et le brasier risque alors de s'éteindre.

Le soufflet classique est concurrencé par des engins souffleurs équipés d'une petite turbine à air, mue par une manivelle ou par un moteur électrique à piles. Seul commentaire : c'est simplement du « modernisme » inutile, car ces appareils se révèlent souvent bruyants et toujours incapables d'assurer les subtilités de souffle obtenues par un soufflet ordinaire.

■ **Le panier à bois.** En métal ou en osier, il sert essentiellement à apporter sur place les bûchettes et le petit bois. Il n'est pas indispensable, mais bien plus élégant qu'un vieux cageot qui pourrait remplir une fonction momentanée de bûcher.

■ **La plaque de cheminée.** Fixée sur le fond vertical, derrière le foyer, la plaque de cheminée n'a ici qu'une fonction décorative. Mais si on peut se l'offrir… pourquoi pas ?

■ **Le brasero.** Véritable réceptacle pour faire le feu et qui permet de contenir les braises, il est conçu pour être posé à plat sur

**Une fois refermé, un gril double permet de faire dorer les pièces sur leurs deux côtés en les retournant toutes ensemble.**

la sole foyère, ou verticalement contre le dosseret ou le cœur du foyer. Des modèles plus sophistiqués peuvent se placer dans les deux positions.

Pour les verticaux, il existe des modèles avec grille serrée pour le charbon de bois ou grille large pour le bois. Il vaut mieux acquérir le premier modèle qui retiendra toutes les petites braises, qu'elles soient issues du charbon de bois ou des bûchettes.

## LES ACCESSOIRES DE CUISSON

On compte de nombreux accessoires de cuisson, mais il faut savoir que tous ne sont pas indispensables.

■ **Le gril avec bac à braises** ou ensemble de grillade est en fait un barbecue portable destiné à équiper les foyers des barbecues construits en dur. Au lieu de faire le feu sur la sole foyère, on le fait dans le bac à braises. Celui-ci est équipé de deux crémaillères où l'on accroche le gril à diverses hauteurs.

■ **Le support de gril** prend place dans le foyer d'un barbecue en dur (ou dans une cheminée à feu ouvert). Dépourvu de bac à braises, il ne sert qu'à maintenir le gril à la hauteur voulue, au-dessus du feu.

■ **Le gril simple**, rectangulaire ou rond, se pose sur un support (barres d'acier elles-mêmes placées plus ou moins haut au-dessus des braises, rainures aménagées sur les côtés du foyer, etc.). Il sert surtout pour les aliments

Le gril avec bac à braises et cendrier peut être utilisé sur un support non réfractaire mais insensible à la chaleur.

Le support de gril, lui, trouve sa place parmi un lit de braises entretenues sur une sole foyère réfractaire.

qui peuvent être facilement retournés, sans se déchirer ou se défaire pour autant (les brochettes, les viandes, les saucisses, les gambas...). Ce modèle de gril, comme les suivants, ne doit pas être en fer ordinaire mais, de préférence, en acier inoxydable. Seuls les grils livrés d'origine avec les barbecues peuvent être en fonte émaillée, ou en fils d'acier enrobés d'un traitement anti-adhérant.

■ **Le gril double** s'utilise comme le précédent mais il emprisonne les aliments entre ses deux parties repliables. Il accueille tous les aliments « plats » qu'il n'est plus nécessaire de retourner à la fourchette : il vous suffira de retourner le gril. Il est surtout pratique pour les denrées de petits formats, ou fragiles comme les sardines.

■ **Les grils doubles spéciaux**, rigides ou extensibles, présentent des formes adaptées aux poissons, aux hamburgers ou prennent la forme du poulet qui leur est confié. Leur utilité n'est pas évidente.

■ **Les brochettes.** Elles existent en bambou (à jeter après usage) ou en acier. Pour ces dernières, préférez les plus longues, équipées de poignées en bois qui éviteront les brûlures provoquées par celles en métal nu.

■ **Les spatules, pinces, couteaux et fourchettes à deux dents** sont indispensables pour manipuler les aliments en cours de cuisson. Choisissez plutôt des modèles à long manche : ainsi, vous n'aurez pas les mains trop près du feu quand vous les utiliserez.

■ **La broche et le tournebroche** sont indissociables, bien qu'ils soient souvent vendus séparément. Ne retenez que les broches de section carrée avec piques coulissantes en forme de fourche : ce sont les seules qui maintiennent bien les pièces embrochées. Les petits tournebroches à piles ont une puissance

**Même les grils n'échappent pas à la mode de l'ergonomie, tel celui-ci très spécialisé pour la cuisson des poissons… qui doivent être de taille adéquate.**

remarquable par rapport à leur taille, mais il faut prendre soin de bien équilibrer la pièce placée sur la broche pour qu'ils puissent entraîner celle-ci sans à-coups, ni arrêts.

■ **À ne pas oublier : un tablier épais** (en coton, ou autre matière incombustible, difficilement inflammable) et **un gant isolant** (manique), pour éviter les taches et les brûlures.

# LES ACCESSOIRES DE NETTOYAGE

■ **La pelle à cendres** et **le balai**, déjà cités, trouvent ici une nouvelle utilisation.

**Mais, attention !** Toutes les cendres recueillies dans un foyer éteint depuis moins de 24 h doivent impérativement être entreposées dans un bidon ou un seau en métal.

■ **La brosse métallique** en acier inoxydable sert à gratter les graisses brûlées qui encrassent les grils et autres parties métalliques des barbecues.

■ **Le bidon à cendres.** Cet accessoire tout simple, équipé d'un tuyau souple, reçoit celui d'un aspirateur domestique ou d'atelier. On peut ainsi aspirer les cendres et les escarbilles éteintes qui s'accumulent dans le bidon sans souiller l'aspirateur.

**Attention !** Assurez-vous que le feu est bien éteint avant de vous servir d'un aspirateur pour nettoyer le foyer !

# L'entretien des barbecues

**Exposés au feu, et aux intempéries s'ils sont à l'extérieur, les barbecues risquent de souffrir prématurément de ces agressions si on les abandonne à leur sort. Entre le métal et la pierre, les soins diffèrent.**

Quand on parle d'entretien pour les barbecues, il faut faire la différence entre les modèles mobiles qui sont en métal et ceux construits en pierres, en briques ou autres matériaux. En fait, il faut nettoyer et protéger les premiers contre la rouille et la corrosion, et décrasser les seconds.

## L'ENTRETIEN DES BARBECUES MOBILES

Par définition, les barbecues mobiles peuvent être déplacés. Donc, la première précaution à prendre pour les protéger des intempéries est de les rentrer sous abri quand on ne les utilise pas. Cela concerne aussi les barbecues, les braseros et les grils métalliques qui sont simplement posés sur la sole foyère des barbecues maçonnés. Après chaque utilisation, il faut les nettoyer après avoir vidé les cendres en respectant les précautions d'usage (voir encadré page 97).

### Les barbecues en acier ou en fonte émaillées

Un nettoyage à l'éponge imprégnée de détergent peut suffire. Si des graisses brûlées persistent à s'accrocher, ne les grattez surtout pas. Traitez-les avec un produit de nettoyage pour four ménager, rincez plusieurs fois à l'eau claire avec une éponge et essuyez avec un chiffon propre. Lors de l'application du produit, veillez à ne pas en projeter sur les parties accessoires, comme les piétements :

**Qu'ils aient accueilli de la viande ou du poisson, après chaque cuisson les grils doivent être nettoyés pour ne pas imprégner les nouvelles denrées des saveurs précédentes.**

leur peinture risque de ne pas résister à son action décapante. Pour finir, passez un tampon légèrement imbibé d'huile de paraffine.

## Les barbecues en tôle ou en fonte noire

Nettoyez-les avec une brosse métallique douce en fils de laiton. Pour éliminer les graisses brûlées récalcitrantes au brossage, un grattage avec une lame de couteau émoussée peut suffire, sinon brûlez-les avec un chalumeau à gaz (c'est le principe du nettoyage par pyrolyse).

Éliminez les déchets avec un aspirateur et, avec un pinceau plat, passez de l'huile alimentaire ou de paraffine sur toutes les parties métalliques pour les protéger de la rouille.

Si les parties extérieures sont défraîchies, dégraissez-les avec un solvant cellulosique, puis repeignez-les avec une peinture spéciale hautes températures.

**Attention !** Ne peignez pas l'intérieur ni aucune des parties qui viennent au contact des braises. Cette remise à neuf ne se fait généralement qu'une fois par an avant de remiser les barbecues pour leur hivernage.

## Le nettoyage des grils

Après chaque utilisation, il faut éliminer les graisses et dépôts brûlés qui les souillent. Ceux en fonte émaillée se nettoient facilement à l'eau chaude avec un détergent puissant mais surtout pas en les grattant. Ceux en Inox peuvent être grattés pour être nettoyés, d'abord avec une lame ou un tampon métallique, puis avec une brosse métallique.

Si, par négligence, un gril se retrouve noyé sous une gangue de graisses et de dépôts noirâtres, laissez-le tremper dans du décapant pour peinture ou traitez-le avec un produit de nettoyage pour four.

Une remarque au passage : si l'on fait des grillades sur un gril encrassé de résidus accumulés au fil des cuissons précédentes, les aliments prennent un goût amer et s'imprègnent de produits qui ne sont pas du tout bons pour la santé (ils seraient même cancérigènes !).

## Le nettoyage des plaques de cuisson

Si elles sont en tôle émaillée, procédez comme décrit pour les parties en fonte émaillée.

Si elles ont un revêtement anti-adhérant, nettoyez-les comme les poêles du même type, juste à l'eau chaude et au détergent.

## Le cas des barbecues à gaz et électriques

Beaucoup d'appareils de ce type sont équipés d'un couvercle qui sert uniquement à les fermer pour les ranger ou qui permet de les utiliser comme des fours. Dans ce cas, le nettoyage des parties intérieures se fait en les laissant fonctionner quelques heures en maintenant leur couvercle fermé. C'est un autonettoyage par pyrolyse.

**Après chaque utilisation, les barbecues à gaz ou électriques avec couvercle se nettoient comme un four à pyrolyse.**

Pour les barbecues à gaz, pensez à vérifier régulièrement l'état du tuyau d'alimentation qui peut être endommagé par un choc lors des transports. Il doit être remplacé s'il présente la moindre blessure et si la date limite d'utilisation (elle est indiquée à plusieurs reprises le long du tuyau) arrive à péremption.

Avec les barbecues qui utilisent des pierres de lave ou des blocs de céramique, il faut retirer de temps à autre ces éléments incombustibles pour nettoyer, à l'aide d'un aspirateur, les débris qui tombent au fond du réceptacle. Lorsque les blocs commencent à s'effriter, il faut les jeter et en remettre des neufs.

## L'entretien des parties annexes

Toute la structure des barbecues sur pieds ou roulants doit aussi recevoir quelques soins.

Un nettoyage régulier permet de les garder propres et surtout de débarrasser les parties de la base des traces de terre. Pensez aussi aux roues : injectez ou déposez de temps à autre quelques gouttes de dégrippant multifonction qui empêchera la formation de rouille, repoussera l'humidité et assurera un roulement parfait. Si vous oubliez de le faire, les crissements émis lors des déplacements du barbecue vous rappellerons que les axes des roues ont besoin de votre aide : dégrippez-les sans tarder, avant que tout soit bloqué.

## L'ENTRETIEN DES BARBECUES EN DUR

L'entretien consiste, lorsque le feu est éteint, à éliminer les dépôts de suie et de goudron qui salissent les parois du foyer, mais aussi à procéder au nettoyage des parties extérieures.

### Le foyer

#### ■ Le nettoyage des briques et des pierres dures

Il existe des produits spécifiques en aérosol ou à passer au pinceau : ce sont ceux qui sont proposés pour nettoyer les foyers des cheminées. Appliquez le produit sur les briques ou les pierres, laissez-le agir et faites un premier rinçage à l'éponge puis avec une brosse en chiendent. Si des marques noires subsistent, refaites une seconde application de décapant, suivie de deux rinçages.

**REMPLACEZ LES PIÈCES USÉES**

Au contact du feu les parties en fonte et en acier se corrodent. Ce sont surtout les grilles qui retiennent ou qui supportent les braises qui souffrent le plus. Vérifiez leur état tous les ans et remplacez-les dès que les barreaux commencent à se creuser.

#### ■ Le nettoyage des pierres tendres

Des marques de suie peuvent maculer les pierres qui entourent le foyer ou qui bordent la plaque foyère. Si elles sont de nature poreuse ou assez tendre, elles ne doivent pas être nettoyées avec un décapant. Seul un grattage avec une brosse métallique permet alors d'estomper les taches, mais cette opération ne doit pas être faite trop souvent pour ne pas user les pierres prématurément.

### L'avaloir

Au passage des fumées, de la suie se dépose sur les faces intérieures des avaloirs. Il y en a moins que dans une cheminée qui fonctionne en continu, mais il faut quand même l'éliminer surtout pour éviter qu'elle retombe sur les aliments en cours de cuisson. Faites ce nettoyage avant de nettoyer le foyer en frottant les parties salies avec un balai-brosse. Si vous travaillez par le dessous, protégez-vous avec un masque en papier, des lunettes, une casquette et enfilez une salopette jetable. S'il y a possibilité d'accéder par le dessus (un barbecue n'est jamais très haut), il vaut mieux faire le nettoyage par cet accès.

Dans les deux cas, protégez la sole foyère par des journaux ou une feuille de plastique pour éviter de la maculer avec la suie. Jetez ces protections et nettoyez la sole et les parois verticales avec un aspirateur d'atelier ou celui de la maison mais par l'intermédiaire d'un bidon à cendres.

Si le barbecue est relié à un conduit de fumée, ramonez-le ou faites-le ramoner au moins une fois dans l'année, avant sa période d'utilisation.

## La structure

L'entretien se limite au nettoyage des parties souillées par les projections de terre occasionnées par les pluies, mais il peut arriver que des mousses vertes s'installent et salissent les pierres.

Pour les nettoyages ordinaires, utilisez un jet d'eau puissant ou un nettoyeur à haute pression.

Pour éliminer les mousses, faites un premier nettoyage à l'eau puis pulvérisez un produit antimousse ne contenant pas de sulfate de fer, car celui-ci ferait ensuite apparaître des traces de rouille qui, incrustées dans la pierre, seront pratiquement impossibles à éliminer. Les antimousses pour gazon ne conviennent pas pour les pierres.

Laissez agir le produit jusqu'à ce que les mousses noircissent puis nettoyez l'ensemble avec le nettoyeur à haute pression.

Après séchage complet, protégez votre barbecue contre une nouvelle invasion en appliquant un imperméabilisant invisible pour briques et pierres.

### L'ÉLIMINATION DES CENDRES

Un feu de bois brûle mieux sur une couche de cendres que sur une surface trop propre, mais s'il y en a trop, les braises s'étouffent. Il faut donc, de temps à autre, enlever les cendres en excès. Videz régulièrement le cendrier des barbecues qui en sont équipés.

Sinon, enlevez les cendres avec une pelle métallique et déversez-les ensuite dans un seau ou un bidon en métal.

Le nettoyage peut aussi se faire avec un aspirateur, quand le feu est bien éteint, mais en prenant toutes les précautions contre les risques d'incendie, car des braises peuvent couver longtemps sous la cendre.

Si le feu est éteint depuis plusieurs jours, un aspirateur normal ou de type « bidon » convient. S'il n'est éteint que depuis la veille, il peut rester des braises dans les cendres. Il faut alors utiliser un « bidon » intermédiaire. Cet accessoire se branche sur un aspirateur ordinaire et comporte un tuyau flexible incombustible pour aspirer les cendres qu'il stockera au passage afin qu'elles n'aillent pas s'enflammer dans le sac de l'aspirateur.

# Cuisiner, griller, rôtir

**Le barbecue permet de cuire la plupart de nos aliments. Oui, mais lesquels ? Et comment ? Ce chapitre énonce ce qu'il faut absolument savoir pour réussir la cuisine au feu de bois.**

Il y a principalement deux façons de cuisiner au barbecue : le gril ou la broche. La cuisson se fait alors par rayonnement et convection de la chaleur. On peut aussi tirer parti des braises et des cendres chaudes.

Parmi les nouvelles générations de barbecues fonctionnant au gaz ou à l'électricité, certains cuisent aussi par contact sur une plaque nervurée.

## GRIL ET BROCHE FACE AU FEU

La plupart des barbecues présentent un lit de braises horizontal. Le gril ou la broche sont placés au-dessus pour assurer la cuisson des aliments. Cette méthode, connue de tous, présente un inconvénient majeur : les graisses, les jus et les sucs exsudés par les denrées sous l'effet de la chaleur, tombent sur les braises ardentes. Tout ce qui est gras s'enflamme aussitôt et fait noircir les pièces en cours de cuisson, ce qui fait que les jus et les sucs que l'on pourrait récupérer pour accompagner les plats cuisinés sont perdus.

En contrepartie de cet inconvénient, la chaleur vive produite ici est utilisée au maximum car on tire parti du contact avec l'air brûlant et du rayonnement.

En utilisant un brasero vertical (plaqué contre la paroi du fond du foyer) et en plaçant la broche ou le gril verticalement devant ce lit de braises maintenu dressé, la cuisson se fait plus doucement car toute la chaleur qui « monte » s'évapore. C'est principalement la chaleur qui, par rayonnement, cuit les aliments. Mais l'avantage ici est que les corps gras, les jus et les sucs exprimés ne tombent plus sur les braises : ils sont récupérés dans une lèchefrite ou un récipient placé sous le gril ou la broche. Les risques de carbonisation par inflammation des graisses sont écartés et la cuisson est beaucoup plus saine.

## Quelle position choisir ?

■ **Pour les cuissons à la broche,** le brasero vertical est assurément le meilleur, mais il est possible de tirer parti d'un tas de braises horizontal sans perdre une goutte de jus. Il suffit que la broche soit placée sur le côté de cette intense source de chaleur au lieu de se trouver au-dessus.

En pratique, on repousse le feu vers le fond de la sole foyère et la broche est posée devant, en travers de l'entrée du foyer. La lèchefrite ou un récipient résistant à la chaleur trouve sa place en dessous pour recueillir le jus et les graisses.

■ **Pour cuire avec un gril,** les deux positionnements des braises ont leurs atouts : certaines pièces peuvent être tenues indifféremment à plat (sur un gril simple ou double) ou debout (avec obligatoirement un gril double), donc il est préférable de les griller à la verticale ; mais d'autres ne peuvent être cuisinées qu'à l'horizontale (elles ne peuvent pas être maintenues dans un gril double ou bien elles doivent, comme les coquillages, cuire à plat dans leur propre jus).

### LES BROCHETTES... TOUT UN PLAT !

L'utilité des brochettes est, à l'origine, de regrouper sur une tige en métal ou en bois des éléments trop petits pour pouvoir être cuits séparément ou qu'il serait fastidieux de retourner un par un. Par la suite, on s'est vite aperçu qu'il était facile de faire des panachages de viandes, de poissons, de fruits de mer et de légumes... en empalant ces petits morceaux sur une même tige : c'est ainsi que les brochettes sont devenues des mets à part entière. Le seul impératif à respecter lors de leur composition est de réunir des morceaux ayant tous à peu près la même taille, des temps de cuisson identiques... et des saveurs compatibles.

# LA CUISINE SUR LE GRIL

La cuisson est ici statique et s'applique à presque toutes les denrées. Les pièces de taille moyenne et les gros morceaux sont posés directement sur le gril. Les plus petites, qui risquent de tomber entre les barres, sont, quant à elles, regroupées sur des brochettes en métal ou en bois.

On peut ainsi griller des viandes, des légumes, des poissons, des crustacés, des coquillages et même des fruits. Cette diversité oblige à posséder au moins un gril simple et un double.

Si un même menu comporte des pièces de viande et du poisson, voire des fruits en dessert, on peut utiliser le même ustensile mais, dans ce cas, il faut s'astreindre à un nettoyage poussé entre les cuissons pour éviter de communiquer les saveurs des unes aux autres. La meilleure solution étant de posséder des grils réservés pour chaque catégorie d'aliments.

## La préparation de la cuisson

Avant d'utiliser un gril, il faut s'assurer que le lit de braises au-dessus duquel il va être posé est suffisamment fourni pour tenir jusqu'à la fin de la cuisson, qu'il est un peu plus grand que la surface utile de l'accessoire et que la répartition des braises est homogène.

Vérifiez aussi que le gril puisse être accroché ou posé de façon stable à diverses hauteurs au-dessus des braises.

Ensuite, faites chauffer le gril en le posant au plus près du feu. Retirez-le, huilez-le avec un chiffon ou un tampon de gaze imprégné d'huile d'olive ou d'arachide (ce sont celles qui présentent la meilleure tenue à la chaleur) et remettez-le à chauffer avant d'y déposer les pièces à cuire. Préparé de cette façon, le métal chaud et gras n'attache pas, ou très peu, sur les viandes et surtout sur les poissons qui sont beaucoup plus fragiles.

Le gril doit être chauffé jusqu'à être brûlant avant de recevoir les pièces de viande que l'on veut marquer de stries bien nettes.

## La façon de cuire

Un suivi constant de la cuisson est ici indispensable, car il faut intervenir manuellement pour retourner les pièces qui doivent être cuites ou grillées uniformément sur toutes leurs faces sans jamais être calcinées.

Sur un gril simple, les retournements se font à l'aide d'une longue fourchette à deux dents pour les viandes, avec une pincette pour les petites pièces et tout ce qui a la forme d'une saucisse en manipulant simplement les brochettes par leurs extrémités.

Le poisson est très fragile : pour le retourner, il faut d'abord le décoller à l'aide d'une spatule ou une large palette en bois, puis le faire rouler sans le soulever.

La cuisson doit se faire à bonne chaleur : trop près d'un feu vif, les aliments brûlent et cette carbonisation leur confère un goût amer ; trop éloignés ou placés au-dessus d'un feu finissant, ils ne cuisent plus et prennent un goût de fumée. C'est en approchant plus au moins le gril des braises et, si nécessaire, en réactivant le feu par quelques coups de

### POUR RÉACTIVER LE FEU

Mieux vaut le répéter encore une fois, n'utilisez pas d'alcool, d'huile, d'essence ou tout autre produit facilement inflammable, mais uniquement des produits prévus pour cet usage ou le soufflet !

Dans tous les cas, retirez les aliments en cours de cuisson avant de pulvériser du produit ou de souffler sur les braises, cette action soulève des cendres qui ne doivent pas retomber sur les grillades.

**Avec un brasero vertical, on peut récupérer le jus de cuisson pour en imprégner les pièces de viande et leur garder ainsi saveur et moelleux.**

soufflet bien dosés que l'on obtient des cuissons parfaites. Il faut aussi surveiller l'état du feu et être prêt à intervenir pour soustraire les aliments aux flammes soudaines produites par des suintements de graisse tombant sur les braises. On conseille parfois d'étouffer ces flammes avec de la cendre, mais on provoque alors des émanations de fumées âcres. Il est conseillé de les laisser s'éteindre avant de replacer les grillades sur les braises.

# LA CUISINE À LA BROCHE

C'est la méthode tournante, celle des rôtisseurs, réservée à tous les aliments qui se présentent sous un volume ramassé, ainsi qu'aux grosses pièces qu'il faut faire cuire uniformément de tous côtés.

La broche sert ainsi pour les animaux entiers de taille compatible avec celle du barbecue (lapin, volaille, gibier, et même petits cochons de lait ou chevreaux) si le foyer est d'assez grande largeur. On peut aussi lui confier les viandes bardées et ficelées comme les rôtis de porc ou de bœuf, les épaules de mouton désossées et roulées et des morceaux comme les gigots d'agneau, les langues de bœuf et autres blocs de viande à rôtir.

## L'embrochage

La mise en place de la pièce à cuire sur la broche doit être faite avec soin. Trois points sont essentiels pour obtenir une cuisson régulière des différents aliments.

■ **La pièce doit être embrochée dans sa plus grande longueur** pour que toutes ses parties extérieures gardent à peu près le même écart au feu lorsqu'elle tourne.

■ **Elle doit être parfaitement équilibrée** sur l'axe de la broche pour que la rotation se fasse sans à-coups. Sinon, à chaque tour, une face reste exposée longtemps devant les braises et celle opposée passe très vite. La pièce sera alors bien cuite d'un côté et pas assez de l'autre.

### ESTIMEZ LE DEGRÉ DE CUISSON

Il est impossible de donner un temps de cuisson exact dans des recettes pour barbecue, que ce soit au gril ou à la broche. Pour juger du degré de cuisson, piquez la pièce avec une brochette ou un couteau : les parties non cuites offrent une certaine résistance à la pénétration. L'aspect du jus ou du sang qui sort par l'incision renseigne sur l'état intérieur. Vous pouvez aussi laisser la pointe enfoncée pendant une trentaine de secondes puis la sortir rapidement et juger au toucher de sa température : si la pointe est froide ou à peine tiède, l'intérieur de la pièce n'est pas cuit.
Pour les pièces comme les gigots, vous pouvez pratiquer une profonde incision pour juger la cuisson « à vue ».

Au pire, la rotation pourra s'arrêter parce que le moteur du tournebroche n'aura pas la puissance nécessaire pour vaincre le contre-poids résultant du déséquilibre. Résultat : s'il y a, en plus, défaut de surveillance, un côté sera carbonisé et l'autre presque cru.

Assurez-vous du bon équilibrage de la pièce embrochée en tenant la broche par ses extrémités en position horizontale et faites-la tourner du bout des doigts. Si vous pouvez le faire sans difficulté, l'équilibrage est bon, ou tolérable si vous ne sentez qu'une très légère résistance. Mais si la pièce retombe lourdement dans la même position à chaque tentative, replacez la broche en la ramenant vers le côté le plus lourd... et refaites un essai.

Dans le cas d'une pièce creuse comme un poulet ou un lapin, l'équilibrage de la charge se fait en agissant sur sa position qui sera bloquée en place par les dents des fourches coulissantes. Quant à maintenir un lapin embroché, ce n'est pas évident : attachez-le sur la broche au niveau des cuisses et des reins avec du fil de fer fin (non plastifié, bien sûr !).

■ **La pièce doit être centrée** sur la partie de la broche qui est face aux braises pour que la chaleur soit également répartie.

## La façon de cuire

Apparemment, rien n'est plus simple qu'une cuisson à la broche, surtout si elle est motorisée : il suffit de laisser tourner la pièce et de l'arroser de temps à autre avec le jus que l'on récupère dans la lèchefrite ou le récipient placé en dessous. Les perfectionnistes préfèrent cuire en deux temps.

■ **D'abord saisir** très près d'un feu très vif en faisant tourner la broche assez rapidement pour faire dorer sans brûler la pièce embrochée mais sans cuire l'intérieur. Cette « peau » retiendra mieux le jus, le suc ou le sang à l'intérieur des pièces.

■ **Puis rôtir** à feu moyen en faisant tourner la broche doucement jusqu'à ce que la cuisson atteigne le degré désiré.

Si l'on utilise une broche avec moteur offrant des vitesses variables, cette méthode ne présente aucune contrainte.

Avec un tournebroche ordinaire à une seule vitesse, il faudra tourner la broche à la main durant le temps nécessaire pour saisir, puis la laisser tourner seule pendant la seconde partie de la cuisson.

Avec une broche manuelle, la vitesse de rotation se fait au gré de l'utilisateur. Il peut être fastidieux, bien sûr, de la faire tourner à la main durant tout le temps nécessaire pour rôtir, mais on peut s'épargner cette corvée en faisant tourner la pièce par quart de tour et en la bloquant à chaque fois dans sa position pendant quelques minutes.

■ **L'arrosage** est une opération essentielle en cours de cuisson pour éviter le dessèchement des aliments exposés au feu. Il se fait avec le jus qui s'écoule de la pièce et que l'on récupère dans la lèchefrite ou un plat dans

**Les barbecues électriques de table sont généralement équipés d'un fond à remplir d'eau qui évite l'inflammation des graisses exsudées. Mais ce jus ne peut pas être récupéré pour napper les pièces en cours de cuisson.**

lequel on aura d'abord mis un peu d'eau très chaude. L'arrosage se fait avec une cuiller à long manche pour éviter de se brûler, ou avec un petit chiffon ou un morceau de gaze attachés à l'extrémité d'un bâton et dont on se sert comme d'un pinceau.

Pour finir, on peut parfaire la cuisson en rapprochant la pièce du feu et en la laissant tourner quelques instants pour qu'elle forme une belle croûte dorée.

## LA CUISINE SOUS LA CENDRE

Elle s'applique surtout aux pommes de terre et à quelques légumes ayant la même consistance (topinambours, patates douces etc.). On cuit ici en contact avec les braises peu ardentes qui bordent le feu central. Les cendres ne servent qu'à recouvrir le tout pour maintenir la chaleur.

Cette cuisson peut se pratiquer de façon « rustique », en plaçant les pommes de terre ayant une peau épaisse directement sous les cendres. En cuisant, au contact du feu, elles forment une coque qu'il suffit de nettoyer avant de les consommer. Elles acquièrent de cette façon un fumet incomparable.

Si l'on désire les garder propres ou si ce sont des pommes de terre à peau très fine (comme les pommes de terre nouvelles), il faut les faire en papillotes, c'est-à-dire en les enveloppant dans une feuille d'aluminium ménager. Leur goût est alors beaucoup moins parfumé. On peut cuire de cette façon les pommes, les tomates, les poivrons trop fragiles pour être en contact direct avec le feu.

Avec ou sans papillotes, l'évaluation de la cuisson (elle demande au moins une vingtaine de minutes) se fait en piquant une longue brochette en bois dans les pommes de terre nues ou dans les papillotes.

La dégustation des pommes de terre cuites « à nu » se fait à la petite cuiller après qu'on les a coupées en deux et qu'on y a ajouté une grosse noix de beurre ou de crème et du sel au goût de chacun. Les pommes peuvent être sucrées avant ou après cuisson et servies flambées… au calvados bien sûr.

# LE CHOIX DES DENRÉES

Tous les aliments que l'on cuisine au barbecue doivent être d'excellente qualité.

## Les viandes

Le choix est vaste, mais il y a dans chaque animal des morceaux qui se prêtent mieux que d'autres au gril ou à la broche.

■ **Le bœuf.** Tous les morceaux dit « à rôtir » (côtes, entrecôtes, basses côtes, rumsteck, filet, faux filet, etc.) et même la langue se cuisent à la broche ou au gril. Le foie, le cœur et les rognons sont servis en brochettes.

■ **Le veau.** Ne retenez que les côtelettes pour le gril, la langue pour la broche et ses abats pour les brochettes.

■ **Le mouton, l'agneau et le chevreau.** Chez eux, hormis les pattes, tout est bon. Mais bannissez les vieux moutons dont la viande est souvent « musquée ».

■ **Le cochon.** Des oreilles à la queue en passant par les pieds, toutes les parties de cet animal sont délicieuses au barbecue. Son foie un peu amer est à éviter pour les brochettes mais sert pour les farces. On l'apprécie aussi sous forme de saucisses ou de boudins.

■ **Les volailles et les gibiers à plume** (colvert, perdrix, faisan, pigeon, caille…). Tous sont délicieux à la broche, cuits au naturel, mais ils sont encore meilleurs farcis. Préservez toujours leurs abats pour confectionner les farces.

■ **Le lapin et le petit gibier à poil** (lièvre et garenne) se cuisent à la broche, de préférence marinés.

■ **Le gros gibier** (sanglier, chevreuil, etc.)

**Seuls des poissons très frais et entiers peuvent être cuits sur un gril simple. Retournez-les avec une spatule.**

se cuisine parfaitement au gril ou à la broche, de préférence mariné.

## Les poissons

Ils doivent toujours être très frais et entiers. Faites-les cuire au gril ou à la broche (s'ils sont de belle taille), au naturel ou en papillotes. Ils doivent être salés ou marinés avant la cuisson. Les plus gros peuvent être aromatisés en garnissant leur ventre de sel, d'herbes aromatiques et d'épices.

## Les crustacés et les coquillages

■ **Les crustacés.** Il faut généralement faire cuire des pièces crues ou simplement plongées durant 2 ou 3 minutes dans de l'eau bouillante salée. Les langoustes et les homards peuvent être cuits entiers à la broche ou au gril après qu'ils ont été coupés en deux dans le sens de la longueur. Les petits crabes entiers et les tourteaux coupés en deux, les crevettes (gambas), les araignées de mer, les langoustines, les écrevisses se cuisent au gril.

**En brochettes, les légumes condimentaires accompagnent harmonieusement les viandes, les poissons et les fruits de mer.**

Leur cuisson doit être surveillée de près pour éviter le dessèchement de leur chair.

■ **Les coquillages.** Les huîtres, les coques, les moules, les praires, les pétoncles et les coquilles Saint-Jacques font d'excellentes brochettes. Les huîtres et autres coquillages creux se cuisent aussi au gril dans leur coquille ouverte.

À cette liste on peut ajouter les escargots qu'on laisse cuire dans leur coquille après les avoir préparés de façon traditionnelle.

## Les fruits et les légumes

Les tomates, les aubergines, les poivrons mais aussi le maïs (sauf les variétés de pop-corn), les chapeaux des grands champignons et les bananes coupées en long passent très bien au gril. Les pommes de terre, les topinambours, les patates douces, les gros navets doivent être cuits de préférence à la cendre, soit dans leur peau, soit enveloppés d'aluminium ménager. Les pommes en papillotes cuisent à la cendre ou sur le gril.

# DES HERBES, DES ÉPICES ET DU SEL

Les condiments ont une place d'honneur dans la cuisson au barbecue. Toutes les herbes aromatiques, l'ail, l'oignon et l'échalote sont utilisables frais ou séchés pour les marinades et les farces, mais aussi pour parfumer les aliments en cours de cuisson. On les utilise alors de la façon suivante.

■ **Les herbes aromatiques** fraîches doivent être déposées sur les viandes ou les poissons et sur les braises en cours de cuisson.

■ **Les herbes séchées** sont utilisées en fin de cuisson en les parsemant sur les braises ainsi que sur les aliments.

■ **L'ail (sauf quand il sert pour piquer le bœuf ou le mouton), l'échalote, l'oignon et le persil hachés** n'entrent en scène qu'au dernier moment, directement posés sur les aliments.

■ **Le poivre** peut être ajouté en cours ou en fin de cuisson.

■ **Le sel,** du gros de préférence, ne doit intervenir que lorsque la pièce est presque cuite sauf dans le cas des poissons. Cette précaution est essentielle car le sel « pompe » l'eau contenue dans les aliments. Si on le met au départ, les aliments se dessécheront en cours de cuisson.

# Carnet d'adresses

Ce carnet d'adresses regroupe des fabricants, des importateurs et des revendeurs. Les fabricants n'assurent généralement pas la vente en direct au public mais peuvent vous fournir une documentation sur leurs produits ainsi que les points de vente proches de votre domicile. Les importateurs peuvent n'être que grossistes ou faire, comme les revendeurs, de la vente sur place ou par correspondance.

## BARBECUES MOBILES

**ALPHA - OLIGER FRANCE**
40, rue du Stade, Saint-Louis,
57820 Lutzelbourg.
Tél. : 03 87 07 90 26.

**CAMPING GAZ - APPLICATION DES GAZ**
173, rue de Bercy,
75588 Paris Cedex 12.
Tél. (Info consommateur) : 01 40 19 72 72.
(Charbon de bois et gaz).

**CHROMALLOY FRANCE**
Avenue des Gros Chevaux,
95310 St-Ouen-l'Aumône.
Tél. : 01 34 40 36 36.

**COCAMBROCHE**
86 bis, rue du 20e Chasseurs,
B.P. 21, 41101 Vendôme Cedex.
Tél. : 02 54 77 28 25.

**FONDIS**
Z.I. de Vieux Thann, B.P. 105,
68801 Thann Cedex.
Tél. : 03 89 37 75 00.
N° Vert : 08 00 20 08 10.

**GARDEN MAX**
27, avenue Foch,
59700 Marcq-en-Barœul.
Tél. : 03 20 98 07 44.

**INVICTA**
Rue de la Sonde,
B.P. 03,
08350 Donchery.
Tél. : 03 24 27 71 71.

**LE CREUSET**
02230 Fresnoy-le-Grand.
Tél. : 03 23 06 22 22.

**MATIN VERT**
68, route de Soissons,
60800 Crépy-en-Valois.
Tél. : 03 44 94 48 94.

**PROVINCES DE FRANCE**
59, rue de Maubeuge,
75009 Paris.
Tél. : 01 48 78 34 22.

**SODIR ROLLER GRIL**
16, rue Saint-Gilles,
28800 Bonneval.
Tél. : 02 37 44 67 67.

**TEFAL**
Chemin des Granges, 74150 Rumilly.
Tél. : 04 50 88 55 55.
(Charbon de bois, gaz et électrique).

**WEBER** (Voir Le Creuset).

**ZIBRO-GRILL - PVG FRANCE**
B.P. 38, 76650 Petit-Couronne.
Tél. : 02 35 67 33 75. (Uniquement gaz).

Voir aussi les BHV, la Samaritaine et les petites, moyennes et grandes surfaces de bricolage de votre région (Bricomarché, Castorama, Leroy-Merlin, Mr Bricolage, Obi, etc.).

## BARBECUES MAÇONNÉS EN KIT

**CASTORAMA**
Service clientèle,
59175 Templemars.
Tél. (N° Azur) : 08 36 63 64 70
et Minitel : 3615 CASTO.
(Diverses marques dont Pacéma, Pierre Industrie, EdilKamin, etc.).

**CHEMINÉES DARGEMONT**
Route de Marthon, 16380 Chazelles.
Tél. : 05 45 23 50 50.

**CHEMINÉES DE LA CHENAIE**
Bât. 718, Z.E. La Braconne,
16600 Mornac.
Tél. : 05 45 65 91 77.

**CHEMINÉES DEVILLE**
• 76, rue Forest,
08102 Charleville-Mézières.
Tél. : 03 24 56 83 83.
• 25, bd Bessières,
75017 Paris.
Tél. : 01 42 28 00 25
et Minitel 3615 DEVILLE.

**CHEMINÉES PHILIPPE**
Avenue Kennedy, 62400 Béthune.
Tél. : 03 21 61 70 70.

**CHEMINÉES RENE BRISACH**
Route du Plan, 83120 Sainte-Maxime.
Tél. : 04 94 96 07 52
et Minitel 3614 BRISACH.

**FOCUS - ATELIER DOMINIQUE IMBERT**
Le Fort, 34380 Viols-le-Fort.
Tél. : 04 67 55 01 93.

**PACEMA**
21, rue du Saule Trapu,
91300 Massy-Palaiseau.
Tél. : 01 60 11 11 60.

**PROVINCES DE FRANCE**
59, rue de Maubeuge,
75009 Paris.
Tél. : 01 48 78 34 22.

**SUPRA**
6, rue du Général Leclerc,
67210 Obernai.
Tél. : 01 88 95 12 00.

Voir aussi les petites, moyennes et grandes surfaces de bricolage de votre région (Leroy-Merlin, Mr Bricolage, Bricomarché, Obi, etc.).

## BRIQUES ET MATÉRIAUX DE PAREMENT

**BRIQUE DE VAUGIRARD**
Rue du Marais,
91470 Angervilliers.
Tél. : 01 64 59 13 42.

**DE RYCK FRANCE - BATI MORIN**
123, rue de Reuilly,
75012 Paris.
Tél. : 01 43 43 65 65.
(Matériaux de parement).

**PACÉMA**
21, rue du Saule Trapu,
91300 Massy-Palaiseau.
Tél. : 01 60 11 11 60.
(Briques, éléments et plaquettes de parement, briques et mulots réfractaires).

**SEPIC MODULO**
1, rue Albert-Einstein,
B.P. 15, 77480 Bray-sur-Seine.
Tél. : 01 60 67 13 38.
(Matériaux de parement).

Produits vendus dans les GSB et chez les négociants en matériaux pour le bâtiment.

## CONDUITS EN INOX ET SOUCHES PRÉFABRIQUÉES

**MODINOX**
28, rue de Saint-Denis,
93300 Aubervilliers.
Tél. : 01 43 52 10 44.

**POUJOULAT**
B.P. 01, 79270 Saint-Symphorien.
Tél. : 02 40 04 40 40.

Produits, ainsi que tous autres matériaux (briques, béton cellulaire, boisseaux en terre cuite, avaloirs, mortiers, etc.), en vente dans les GSB et chez les négociants en matériaux pour le bâtiment.

# Index

# Crédits photos et dessins

Camping Gaz : p. 13 ; Castorama : pp. 16, 24 (Pacéma), 5, 38 (Pierre Industrie), 41 (EdilKamin), 43 (Pierre Industrie), 44 (EdilKamin), 5, 86 (EdilKamin), 88, 90 ; Fondis : p. 14 (à droite) ; C. Hochet/Rustica : pp. 5, 6, 28, 30, 74, 76, 77, 79, 89, 91, 92, 94, 98, 107, 108, 109 ; Invicta : pp. 10, 12 ; Y. Robic : pp. 5, 19, 21, 23, 26, 32, 33, 35, 46, 47, 48, 61, 82, 102 ; Supra : pp. 42, 45 ; Tefal : pp. 5, 8, 14 (à gauche), 15, 31, 95, 105.
Photographie de couverture : C. Hochet/Rustica.

Les dessins sont de l'auteur.

**Maquette intérieure et réalisation :** Pat Garet' Associées.

**Maquette de couverture :** Sébastian Mendoza.

Achevé d'imprimer par
G. Canale & C. S.p.A.
Borgaro T.se, (TO) Italie